ユダヤ人のビジネス教本

旧約聖書の智慧を読み解く

手島佑郎
ヘブライ文学博士・ギルボア研究所長

なぜ旧約聖書はビジネス教本なのか——はじめに

聖書というと、一般的に信仰のよりどころの書といったイメージが強い。

しかし、旧約聖書には人生への励ましだけでなく、実は政治・経済・ビジネスをはじめ生活全般への知恵が満ちみちているのである。聖書は神について語るよりも、むしろ人間について語っている。それも、しばしば成功談ではなくて、失敗談について語っている。

経営学の泰斗であるピーター・ドラッカーは、名著といわれる『現代の経営』の中で、次のように書いている。

「リーダーシップの問題は、すでに古代ギリシャ、古代イスラエルの時代に論じつくされている感がある」

ドラッカーの言う古代イスラエルの時代こそ、本書で紹介する旧約聖書の物語の世界なのである。リーダーシップは、経営学にとって最重要課題のひとつである。経営学者ドラッカーの指摘は、彼がユダヤ人であることを考えると、ユダヤ人が旧約聖書をどのように読んでいるかを示唆するひとつの材料でもある。

旧約聖書は、紀元前二〇〇〇年頃の出来事から、前二〇〇年前後までの事件を含む膨大な記録である。さしずめ、日本の古墳時代から現代までの期間の記録に匹敵する。それに天地創造の物語を加えるユダヤ暦では、五六〇〇年以上の歴史となる。

とりあえず、読者の皆様のために旧約聖書がどのような構成になっているか、その概要を簡単に説明しておきたい。〔以下、本文中では旧約聖書を「聖書」と表記する〕

聖書は普通、ユダヤ人の間では「タナッハ」と呼ばれ、三つの部分から成り立っている。

第一は、「モーセ五書」とか「トーラー」という冒頭の五つの書物、創世記・出エジプト記・レビ記・民数記・申命記である。ここには順に、天地創造の神話から、アダムとイブの失楽園物語、人類初の殺人事件であるカインとアベルの物語、ノアの洪水、「十戒」で知られるモーセによるエジプト脱出物語など、ロマンに満ちた伝説が一杯だ。

第二に、これに続く、古代イスラエルの歴史書として、ヨシュア記・士師記・サムエル記・列王記がある。ここには、モーセの後継者ヨシュアの活躍、士師と呼ばれたサムソンやギデオンなど初期イスラエルの英雄伝説、預言者サムエルにはじまり、初代の王サウル、ダビデ、ソロモンなど歴代の王の記録が続いている。さらにイザヤ書・エレミヤ書・エゼキエル書という大預言者の神託集、そして十二人の預言者の記録と歴史書も含めて、ユダヤ人は一括して「ネビイーム、預言者集」と呼ぶ。

第三に、詩編・箴言《しんげん》・ヨブ記・雅歌・伝道の書など詩歌、叙事詩、物語など十一点の書物が「ケトビーム＝聖文学」としてまとめられている。

ライバルとの競争に勝ちたい人には、歴史書『サムエル記』の上下二巻を徹底的に研究されるよう奨めたい。そこには、預言者サムエル、初代王サウル、二代目の王ダビデという三代にわたる英雄の人物像やリーダーシップが詳しく描写されている。それは同時に、強敵ペリシテとイスラエルとの拮抗の歴史であり、それを背景に生じたイスラエル国内の政治体制の変革であり、加えて三者三様の人間葛藤の歴史でもある。

人間関係では、サムエルとサウルの葛藤は師弟間の対立である。サウルとダビデの抗争は、後輩に追い上げられている先輩の被害妄想症に原因している。サムエルとサウルの間には世代の断絶があり、サウルとダビデの間には実力の格差がある。

そして最終的には、最年少のダビデが知恵と忍耐とによって、最初の二人では実現できなかった対ペリシテ戦争に勝利し、ユダヤ人の王国を統一していく。

人生で成功したい人には、本書では取り上げないが、旧約聖書中の『箴言』という書物をお薦めしたい。これは人生成功のための教訓集である。開口一番、次のように宣言している。

「ダビデの子、イスラエルの王ソロモンの箴言。これは人に知恵と教訓を知らせ、……思慮のない者に悟りを与え、若者に知識と慎みを得させるためである」

この書物はもともと、古代イスラエル王朝で宮廷の子弟教育用に使われていた格言集だ。正義と邪悪、正直と虚偽、知恵と無知といった道徳心の啓発が主テーマであるが、娼婦の誘惑に対する戒め（5～7章）などは叙述がリアルで、現代小説の筆致も及ばない。知恵の擬人化（8章）によって、知恵の効用を生き生きと説明している点も面白い。


人生に行き詰まったときには、『詩編』という詩集をひもとかれるといい。魂に訴える珠玉のような詩歌が満載されている。ユダヤ人たちは、喜びにつけ、悲しみにつけ、胸の思いを祈りに託し、それを琴の調べに合わせて歌ってきた。

ブロードウェーのミュージカル劇「屋根の上のバイオリン弾き」の中の名曲『サン・ライズ・サン・セット』のモチーフになっているのは詩編第19編である。ダビデが人妻バテセバを寝取った後、罪に悔いて綴ったという懺悔詩の第51篇も、人びとに大きな感動を与える。


人間を知ろうとすれば、聖書ほど楽しく豊富な資料はまたとない。人間の強欲と頑固、不信と愛憎、自我と弱さ、その他もろもろの側面について、聖書はあからさまに語ってくれる。

とくに『創世記』は、ユダヤ人たちの最初の祖先アダム以来のスキャンダルをはじめ、さまざまな主人公の失敗を伝えている。トーマス・マンは、創世記の後半に記されている物語を題材に、名著『ヨセフとその兄弟』を書いた。

　聖書が編纂された時代は、まだ紙や印刷技術が今日のようには普及していなかった。そのため、記述のスタイルも極力簡潔になっていた。だから私たちは、聖書が淡々とした文体で語っている物語の行間に、実は淡々とできない情景が省略されているのではないかと連想する必要がある。読者の皆様も、行間に想像を交えながら読まれると、聖書はもっと楽しくなる。

　本書では、聖書の中の物語から、ビジネスへの教えや示唆を取り出し、その背後に隠されているさまざまのヒントを紹介してみた。皆様の参考になれば何よりである。

ユダヤ人のビジネス教本《もくじ》

なぜ旧約聖書はビジネス教本なのか——はじめに

第1章　情報を使いこなす力をつける

情報収集力と分析力——指導者モーセの放った十二人のスパイ　20
ロスチャイルドが物語るユダヤ人の情報重視
情報に付加価値をつける方法
ユダヤ式情報活用人間の条件
既成概念の壁を打ち壊せ——アダムとイブの「失楽園」の真相　31
エデンの園は変化のない現状満足の世界
自分自身を耕せない者に楽園はない
エデンの園の「蛇」が意味すること
先見力をどう育てるか——預言と予言　37
シュンペーターとドラッカーのイノベーション
偏見や固定観念が先見力の邪魔をする
ノストラダムスと「預言者」の違い

第2章　対人力をどう高めるか

交渉力を高める心理術――強者イスラエルを翻弄した弱者ギベオン　44
「オレについて来い」は無能な上司の妄言
交渉力の達人イスラエルを煙に巻いたギベオンの戦術
不利な契約に対するユダヤ人の考え方

相互不信の対立を解消する方策――兄エサウと弟ヤコブの和解　50
典型的なユダヤ人の成功者ヤコブ
〝サプライズ〟が人の心を動かす
交渉が成立しても安心するな

他者の協力を勝ち取る方法――サウル王から嫉妬される英雄ダビデ　56
力強い協力者を得るためには何が必要か
有能な人間ほど足を引っ張られるリスクが高い
他人を疑うよりも自分を疑え

人は常に危険な存在――怪力サムソンと美女デリラ　64
学校で教えないマーケティングの成功
秘密は常に漏洩する危険にさらされている

使命感は挫折を乗り越える原動力になる

第3章 企画力を伸ばす

経験と斬新性の落差――初代サウルと二代目ヨナタンの確執 74
低迷を打破する発想はどこから生まれるか
精神論にこだわると効率の低下を招く
過去の成功体験から新しい可能性は生まれない
ユダヤ式創造的発想の原点――天地創造 81
夜の時間がもたらす創造のヒント
ユダヤ人の発想の柔軟性
天地創造の物語が与えた最も大きな影響
創造力をどう養うか――天と地の創造以前 86
「空白」がクリエーションにつながる
創造を可能にする三つの条件
イマジネーションを鍛える――恋愛詩「雅歌」の魅力 89
イマジネーションはアイデアを生むエンジン
散文や詩をシナリオ化する訓練

矛盾は問題を解く鍵になる
数字力に強くなる――民数記は数字ミステリーの宝庫 100
聖典に書かれた数字も疑うユダヤ人
表面的な数字の整合性にだまされるな
数字の裏に隠された事実や狙いを読み取れ

第4章 戦略力の原点を学ぶ

成否を左右する戦略発想――ヨシュアのエリコ攻略作戦 110
談合や癒着が戦略力を低下させる
最小の投資で最大の効果をあげる
イスラエル軍が勝ち続ける六つの秘密
弱者が強者に勝つ戦略――英雄ギデオンの戦略 119
戦いに勝利する第一条件とは
成功の鍵は最後の一パーセントにある
少数精鋭の有効性を示すギデオンの方法
戦略はどこに狙いをつけるか――ダビデとゴリアテ 127
巨大な敵を倒すダビデの戦略

ダビデが選んだ〝破常識〟の方法
巨大企業が崩壊する原因

第5章 危機対応力を身につける

危機のリーダーシップ学——ギデオンの迷いと決断 134
リスクは外部より内部から生じる
危機に対応するリーダーが最初にすること
不可能を可能にする行動学

戦うリーダーの在り方とは——四面楚歌のダビデ 141
賢人といえども時間と災難を防ぐことは出来ない
危機に際しては自分の不安と部下の不信を消せ
成功するために何をすべきかだけを考える

責任をどうとらえるか——カインとアベル 146
責任とは義務の同義語
「エデンの東」の意味するもの
責任の所在より重要な再起のチャンス

第6章　リーダーシップの三タイプ

カリスマ型リーダーの条件――六十万の民を率いたモーセの研究　156
旧約聖書にみるリーダーの三タイプ
マンネリ化を防ぐ非日常の「聖なる場所」
神エホバのリーダー養成術
自分の「カリスマ」を育てる――預言者サムエルの叫び　167
旧約聖書が語る奇蹟の中身
テクニックで人を動かそうと思うな
カリスマ性は生まれながらの才能ではない
生え抜き後継者のリーダーシップ学――モーセの後継者ヨシュアの指導法　173
偉大な創業者を引き継ぐ二代目の条件
新しいルールを就任早々につくるな
組織力を最大限に活かすマネジメント
非カリスマ型リーダーが成功する条件――初代の王サウルへの賛否　179
大抜擢人事でトップに立った男の要件
成果があがるまで他人の評価は無視しろ

リーダーには特殊な才能よりも大切なものがある

第7章 強固な組織をどう築くか

プロジェクト・リーダーの任命――モーセとダビデの成功の秘密 186
有能な人間を集めただけでは成功しない
家族関係から判明した意外な事実
プロジェクトを成功させるための絶妙な人事

組織力を弱める相互不信――モーセの登場とエホバの奇蹟 191
旧約聖書が教える仕事の進め方
上司と部下の相互不信の原因
神といえども信頼を失う

組織運営のポイント――舅エテロのモーセへの提案 198
組織の運営を常にチェックせよ
組織運営に重要な六つの条件
既得権を持った人間に新組織をゆだねるな

世襲のリスクを乗り越えろ――大祭司エリとサムエルの失敗 207
世襲のスキャンダルを克明に伝える旧約聖書

カリスマ性にも寿命がある
現在の組織に不満を持つ人びとの犯しやすい過ち

第8章 人を引きつける人望を培う

リーダーの人望を探る――亡命したダビデを慕う人びと 214
人望にあってリーダーシップにないもの
ダビデの亡命にみる〝敵の敵〟は味方
人望はテクニックやスキルでは身につかない
支持と信頼を勝ち取る法――王子アブサロムのクーデタ 219
アブサロムが成功した人望の見せ方
人心をつかむカウンセリングの基本

第9章 壁に突き当たったらどう突破するか

自己をどう突破するか――イスラエルの名前 224
ヤコブとイスラエルの十二部族
自分の過去と格闘しろ
ヨブ記を読もう――突然襲ったヨブの不幸 229

ビジネスの壁と人生の壁
ヨブの試練
自己点検と理性
絶望する前に
信念の貫き方
ヨブと三人の友人
常識的議論の欠陥
順調な日々の意味
ヨブが投げかける課題

アブラハムの出発◎あとがきにかえて———247

第1章

情報を使いこなす力をつける

情報収集力と分析力——指導者モーセの放った十二人のスパイ

ロスチャイルドが物語るユダヤ人の情報重視

ユダヤ人は、商売に長けているといわれる。だが、これはユダヤ人の表面だけしか見ていない人の発言である。ユダヤ人が本当に優れているのは、情報収集力と情報の分析力である。

ユダヤ人の国イスラエルには、国家の安全保障上の戦略を研究するシロア研究所、海外の機密情報を収集するモサド、国内の治安維持のための情報機関シンベイトなど、任務ごとに専門の情報機関がある。米国ブッシュ政権の中枢部で、最近、政策立案担当のブレーンとして頭角をあらわしているウォルフォビッチなどネオコンの人びとも、出身はユダヤ系シンクタンクである。

十九世紀にヨーロッパ最大の財閥を築いたロスチャイルドの成功にしても、それは欧州全土に張り巡らした一族の情報網のお陰であった。なかでも、初代マイヤー・アムシェル・ロスチャイルドの三男ネイサンが、情報で巨額の富を築いた話は、すでに伝説的になっている。ネイサンは、ワーテルローの戦いでナポレオンがイギリスに敗れた情報を早舟の知らせで誰よりも早く受け取った。ネイサンは、ただちにその情報をイギリス政府に伝えた。しかし、イギリス政府はその情報を信用しなかった。その少し前に、キャトルブラの戦いでイギリス軍が負けたという別の知らせを聞いたばかりだったからである。

ネイサンは、すぐに証券取引所に向かい、所有するイギリス国債を大量に売った。それを見た市場は、売り一色のパニック状態に陥った。国債の大暴落を確認したネイサンは、一転して買いに回った。そのあと、イギリス軍勝利の情報が市場にも届いた。国債は暴騰し、ネイサンはイギリス中の富を手にしたといわれるほどの利益をあげた。まさに、「情報なくしてビジネスなし」である。

こうしたユダヤ人の情報能力は一朝一夕に築かれたものではない。ユダヤ人の情報重視の態度は長い伝統で培われたものである。

古いケースでは、紀元前一七〇〇年～一八〇〇年頃の伝説上の父祖アブラハムの物語、その孫ヤコブの物語などに、彼らの情報感性の高さを示唆する記事がある。アブラハムは天幕の前を通り過ぎる旅人から、各地の情報を収集していた。ヤコブは盲目になるほど老齢になっても、遠くエジプトにおける食糧事情について情報を把握していた。

最も有名なのは、紀元前一三〇〇年頃にモーセが放ったスパイである。エジプトを集団脱出したユダヤ民族のリーダー、モーセは、カナン（現在のイスラエル・パレスチナ）侵攻を目前に、ヨシュアやカレブなど十二人のスパイを、シナイ半島からカナン各地に放った。

その一部始終は、民数記13～14章に収録されている。まず物語を読もう。

モーセはカナンの地を探らせるために、スパイたちを派遣する際に、彼らに言った。

「この道を南方へ上れ。そこの山に登り、その地を見よ。そこに住む民は強いか、弱く少ないか。または多いか。彼らの住んでいる地は良いか、または悪いか。彼らの住んでいる町々は、天幕作りか、または要塞作りか。その地は、肥えているか、または痩せているか。そこには木があるか、またはないか。諸君は雄々しくあれ。その地の果物を持ってこい」

時は、ぶどうの初物の時季であった。

［民数記13章］

モーセが与えた右の指示を、注意深く読んでほしい。ここには、七項目にわたる具体的な指示がある。

（1）そこに住んでいる部族は、強いか弱いか。

（2）あるいは、数が少ないか多いか。

（3）彼らが住んでいる土地の環境は良いか、悪いか。

（4）彼らが住んでいる町々は宿営か、それとも城壁の町か。

（5）土地は肥えているか、痩せているか。

（6）そこには木があるか、ないか。

（7）そして最後に、その地の果物を取ってこいと命じている。

これらの調査要領は、現代にも通用するスパイの基本的な任務なのである。物事を、多角的かつ多重的にわたって徹底的に調べ上げる。こうしたユダヤ人の習性は、すでに三千年以上も前から教えられ、身についていたものなのである。

十二人のスパイは、四十日にわたってカナン全土をあまねく調査した。その様子を、聖書は次のように記している。


彼らはシナイ半島からネゲブの高原へ上り、チンの荒野からカナン全土を北上し、シリアの北ハマテの関所に近いレホブまで探った。そこからは南方へ高地を上り、カナン中央部のヘブロンまで行った。そこには巨人の子孫アヒマン、セシャイ、タルマイがいた。ヘブロンは、エジプトのゾアンよりも七年前に建てられた町である。彼らはエシコルの谷にまで到達し、そこで一房のブドウの枝を切り取り、これを二人が棒でかついだ。ザクロとイチジクも取った。

四十日の後、彼らはその地の探索から帰ってきた。パランの荒野のカデシにいたモーセとアロン、およびイスラエルの人びとの全会衆のもとへ行き、会場へ入った。彼らと全会衆とに状況を復命し、その地の果物を彼らに見せた。彼らはモーセに言った。「われわれはあなたが派遣した地へ入りました。あそこはまさしく乳と蜜の流れている地です。これはその果実です」

［民数記13章］

十二人のスパイは、カナン地方に関する正確な情報を持ち帰った。彼らの報告は、調査をした旅程を網羅していただけでなく、途中の町々の人種的特徴、歴史的背景にまで及んでいる。土地はさしずめ「乳と蜜が流れる地」と表現したいほど肥沃だ。ブドウの収穫がようやく始まる初夏であったにもかかわらず、その地にはすでに果物が豊富に実っていた。

人びとの生活は豊かで、人びとは巨人といってよいほど身の丈が高く、町々は巨大な城壁で囲まれている。その証言を裏付ける証拠として、彼らは人の背丈ほどもある巨大なブドウの房や、その他にザクロ、イチジクなど、実際に証拠品も持ち帰った。彼らは無事に任務を全うしたのであった。そして報告は、さらに続いた。

「あの地に住む民は強く、その町々は堅固で非常に大きく、そこにアナクと呼ばれる巨人の子孫がいるのを見ました。南方の地には凶暴なアマレクが住んでいます。山地にはヒッタイト人、エブス人、アモリ人が住んでいます。海岸とヨルダンの岸にはカナン人が住んでいます」

［民数記13章］

報告をここまで聞いたとき、一瞬、会場にざわめきが起きた。

「えっ、カナンには、そんなに強い連中が住んでいるのか。それでは、とてもわれわれは対抗できないのではないか。カナンに攻め入ったりしたら、滅んでしまうのはわれわれだ。カナンにわれわれイスラエル民族が定住するのは、とうてい無理だ」

ここで、問題が発生した。聖書はその情況を次のようにリアルに伝えている。

偵察者のひとりカレブはモーセの前で、民を鎮めて言った。

「われわれはぜひ上って、領有しよう。なぜなら、われわれは必ず実現できるからだ」

しかし、彼と一緒に行った人びとは言った。

「われわれは、あの民のところへ攻め上ることはできない。彼らは、われわれよりも強いからです」

「われわれが偵察しに行き巡った地は、そこに住む者を滅ぼす地です。あそこの中でわれわれが見た民は、みな背の高い人びとです。あそこでわれわれはまたネピリムたち、巨人の子孫ネピリムたちを見ました。われわれの目には、自分がイナゴのようでした。彼らの目にも、そう映ったでしょう」

そこで、会衆はみな声をあげて叫び、民はその夜、泣き明かした。イスラエルの人びとはみなモーセとアロンに向かって愚痴を言い、全会衆は彼らに言った。

「ああ、われわれはエジプトの国で死んでいたらよかったのに。この荒野で死んでしまったらよかったのに。何ゆえ神エホバは、われわれを剣に倒れさせるためにこのような地に連れてきたのか。われわれの妻たち、幼子たちは凌辱されるであろう。エジプトに帰る方が、われわれには良いではないか」。彼らは互いに言った、「われわれは別の指導者を立て、エジプトに帰ろう」

偵察者ヨシュアとカレブは、イスラエルの人びとに言った。

「われわれが行き巡って探った地は、非常に良い地です。もし神エホバがわれわれを愛するならば、われわれをその地に導き入れ、われわれに乳と蜜の流れている地を与えるであろう。諸君は、あの地の民を恐れてはならない。彼らは、われわれの餌食にすぎない。彼らの防衛力は機能しない。それに、神エホバがわれわれと共にいる。諸君は彼らを恐れてはならない」

［民数記13～14章］

情報に付加価値をつける方法

さて、ここで問題は何か。報告はほぼ完璧であった。

「われわれは派遣された地へ行きました。そこはまことに乳と蜜の流れる地です。これはその果物です。だがしかし、その地に住む民は強く、町々は非常に堅固で大きい。われわれはそこで巨人の子孫を見ました。アマレク人がネゲブに住み、ヒッタイト、エブス、アモリ人が山地に住み、カナン人が海岸とヨルダン沿いに住んでいます」

事実を正確に報告しただけでは、まだ報道にすぎない。それは単なる報告であって、情報としては不完全なのである。報道やニュース、あるいは報告が情報となるのは、事実がもたらす未来的意味が付加されるからである。

この場合は、繁栄を誇る巨大な文明都市を、烏合の衆にすぎないイスラエルの民が果たして攻略できるものかどうか。攻略できないとすれば何ゆえか。攻略できるとすれば何ゆえか。それがどのようにすれば可能になるのか、といった提言が求められているのである。

そうした事実に対する吟味と提言を加えて初めて、報告は情報としての意味を持つ。

スパイたちの報告は、「その地に住む民は強い」と報告している。だが、何を基準にして「強い」と判断したか根拠不十分であった。武器をたくさん保有していたので、強い相手だと判断したのだろうか。それとも、よく戦闘訓練された軍隊を保有しているから強いというのであろうか。たとえそうであっても、もし相手に戦意がなければ、戦う相手として強いかどうかは疑問である。

この一点をめぐって、十二人のスパイたちの間で解釈が二分してしまった。

十人のスパイは、「相手は巨人で、とても太刀打ちできそうにない。だからカナン侵攻を断念した方がよい」と提言した。

モーセの後継者ヨシュアとカレブの二人は、「もし神がわれわれに味方するのであれば、神はわれわれをそこに導き入れる。必ず勝利できる。直ちに攻め上ろう」と主張した。

他の者は、「とんでもない。われわれは彼らの地に攻め上れない。彼らはわれわれよりも強いからだ。あの巨人たちから見ると、われわれはイナゴのように小さく映ったことだろう」と反対した。

ヨシュアとカレブは、敵が強そうに見えることには同意するものの、相手が強いかどうかは戦ってみなければ分からないと保留した。残りの十人は、相手が自分たちよりも強いものだと憶測し、自分たちは弱いのだと決め込んだ。

情報交換や意思疎通の難しさは、この点にかかっている。憶測のうえに憶測し、間違った結論を出すのか。それとも事実を確認のうえ、目的に向かって前進していくのか。

事実を客観的に伝えても、受け取る側の解釈は主観的である。しかも、往々にして自分に都合のよい方向への解釈に走る。そうなると、せっかくの情報が台なしになってしまう。というのも、情報とは本来、目的を実現するための判断材料であって、情報を生かすのも殺すのも、それは情報を受け取る側なのである。

民衆は十人のスパイたちの意見に傾いた。そればかりか、モーセを追放し、別の指導者を立ててエジプトに戻ろうとさえ言いはじめた。六十万人のイスラエル陣営内は大混乱となった。

結局、新しい世代が育つまで、カナン侵攻を四十年延期することで混乱を回避した。そして四十年後、モーセの亡き後、ヨシュアがイスラエル勢の総指令官になってカナン侵攻を成功させたのであった。

ユダヤ式情報活用人間の条件

この物語は、情報とは多数決によってその真価が決定するものではないことを示唆している。

ましてや、権威者や有名人の発言だから信頼できるとか、マスコミの報道だから信用できるというものではない。

情報眼識力のある人物のフィルターを通った情報は信用できる。ただし、そういう人物はどこにでもいるわけではない。だからこそ、どの情報を信頼していいか、どの情報は信憑性が高いかは難しい課題なのである。情報眼識力がある人物の神エホバ的条件をあげると、次の六点である。

(1) 人間を見る能力がある。
(2) 事実と虚構を判断できる。
(3) 大切なことと大切でないことを区別できる。
(4) 探求心を持っている。
(5) 微細なことにも適度に注意を払う。
(6) 考えを簡潔、明晰に表現できる。

これらの能力の積み上げのうえに、的確な情報収集と情報分析はなされるべきである。

報告やニュースで報道された事実から、事実がもたらす未来的意味を取り出すためには、とくに、大切なことと大切でないことを区別できる能力が重要である。その際、何を基準に大切だと判断するか。その判断基準こそが、情報選択能力として最も問われる点である。

現在のリスクと将来のリスクとを秤《はかり》にかけるとき、ユダヤ人はまず、将来のリスクを重視する。日本人は、現在のリスクを重視する。ユダヤ人は、将来の安全のために、あえて現在のリスクを冒す。日本人は、現在の安全のために将来のリスクを先送りする。ユダヤ人は将来発生し得るあらゆる事態を予想・想定して対策を講じ、そのうえで現在の問題への対処を考える。日本人はとりあえず現状の安定を優先し、目先の現状のチェックに終始するが、現状のすべてをチェックするわけではない。

ユダヤ人がこういう習性を身につけたのは、長年、不安定・不確実・不透明の日々を流浪のうちに過ごしてきたからである。

ユダヤ人たちは、行動していて奇蹟に遭遇したことはあっても、待っていて奇蹟が起きたことは一度もないということを、その流転の歴史の中から学んだ。

流浪の中で、ひとは傍観者で過ごすことは出来ない。そこには主体性が要求される。主体的に考え、主体的に進路を選択し、主体的に行動する。それには主体的に情報収集し、他人の情報に依存してはならない。このことをユダヤ人は歴史の中から、すなわち旧約聖書の世界から学んでいるのである。

既成概念の壁を打ち壊せ

――アダムとイブの「失楽園」の真相

エデンの園は変化のない現状満足の世界

情報には、大きな利益につながる価値がある。そこで、情報を売るビジネスを考えたユダヤ人は少なくない。イギリスの世界的通信社『ロイター』の創立者ジュリアス・ロイター、『デイリー・エクスプレス』の創刊者ラルフ・ブルーメンフィールド、『デイリー・テレグラフ』の創刊者レビ・バーンハム、世界の報道関係者が名誉とするピューリッツァー、『ニューヨーク・タイムス』の社主オックス・ザルツバーガーなどはユダヤ人である。

ところで、情報というものが抱える問題の一つは、情報をどう判断するかである。そのためには、判断基準として一定の経験なり知識なりを持っていることが必要である。

これについて旧約聖書が与える最初の教材は、アダムとイブがエデンの楽園から追放された事件である。

人類の祖先アダムとイブがエデンの楽園から追放された事件、つまり失楽園について、西欧では一般にこれが人類の不幸の始まりであるようにいわれている。だが、この事件の真相は、それほど単純ではない。

アダムとその妻は、二人とも裸（アルーム）であった。彼らは恥ずかしくなかった。

蛇は、神エホバが造った野の生き物の中で、最も狡猾（アルーム）であった。

蛇は女に言った、「ほんとうに神が言ったのですか、園のすべての木から取って食べるなと」

女は蛇に言った、「園の木の実をわたしたちは食べます。園の中央の木の実については、これを取って食べるな、これに触れるな、死んではいけないからと神はおっしゃいました」

蛇は女に言った、「あなた方は決して死ぬことはない。それを食べるとあなた方の目が開け、神のように善悪を知る者となることを、神は知っているのです」

女が見ると、それは食べるに良く、目に魅惑的で、賢くなるには好ましかった。彼女はその実を食べた。共にいた夫にも与えた。彼も食べた。すると、二人の目が開け、自分たちが裸であることを知った。彼らはイチジクの葉をつづり合わせ、腰に巻いた。［創世記3章］

מים נכרתו על כרוך לא ליחד המקרא כסדר המוקדמים והמאוחרים כלום: כרת אלהים. ולא

この箇所に関して一般に、イブを蛇がだました、だから蛇が悪い、イブは被害者だ、といわれている。原文をていねいに読めば分かることだが、蛇がイブをだました事実はない。

まず、蛇がイブに言った通り、アダムとイブがすぐに死ぬことも、また死刑に処せられることもなかった。蛇がだましたというのは、言いがかりにすぎない。誤解というものは、物事の表面だけを見て、場合によっては他人から耳にした風評を聞いて、そのまま信じ込むことから起きる。

次に、園の中央の木の実を食べた結果、二人とも裸でいることを恥ずかしいと思うようになった。誰かに教わったわけではない。自分で自分の処し方に気づいた。そればかりか、イチジクの葉をつづり合わせ、腰に巻いて恥部を隠した。これはとっさの機転であった。しかし、自分をとりまく周囲の状況が急変したとき、それに対応できるというのは大きな知恵への第一歩であった。まさしく、二人は「神のように善悪を知る者となる」ことへの第一歩を踏み出したのであった。

しかし、なぜ二人は神の命令に反して楽園の中央の木の実を食べたのか。この疑問を解くためには、別の角度から、楽園での二人の生活を観察する必要がある。すなわち、アダムとイブは楽園での生活で本当に幸せであったのかどうかである。

神がアダムのために用意した完全な世界が「エデンの園」である。そのエデンの園におけるアダムの任務は、「園を耕し、これを守る」ことであった。楽園は神自身が造園した完璧なものであったから、ほとんど壊れるということもなかったであろう。アダムの仕事は、来る日も来る日も、ただその完璧な現状を維持し保守するだけで、何の創造性も、何の変化もなかったであろう。そこでは、アダムに格別の知性を要求する仕事もなかった。

そういったワンパターンな生活の繰り返しの中で、アダムもイブも生活に飽きていたのではないか。つまり、変化を求めようとする気持ちが、二人の心のどこかに生じていたに違いない。だからこそ、禁断の木の実と知りつつも、つい手を伸ばしてしまったのだ。そして自分たちの裸にも気づき、裸を隠す知恵までも獲得した。

変化を求め、変化を体験しようとする心。これがひとを知識へと導くのである。

知識を広げようと思うなら、まず生活の中に変化をつくることである。毎日の通勤通学の道筋を、一本変えてみるだけでもいい。乗車駅を一駅の区間、歩くだけでもいい。新聞を第一面から読む日と、最後の面から読む日を交互に変えてもいい。ともかく、毎日変化を見つけるという習慣をつくることだ。そのうえで、見つけたことは、一つでもいいから試してみることだ。そうすると、他人から聞いていたこととは違う世界を発見する。経験して知る。ここから知識が急速に拡大するのである。

自分自身を耕せない者に楽園はない

アダムとイブを楽園から追放したことに関して、聖書は意味深長な言葉で締めくくっている。

「神エホバは、人があそこから取り出されたその大地を耕させるために、彼をエデンの園から追放した」（創世記3章23節）。

アダムはもともと、エデンの楽園の中の土から造られたのではなかったのだ。神はエデンの東の土を造園のために使っていたのだ。その土の一部でアダムは創造されたのである。アダムの材質が楽園の土ではなく造園用の土であったことが、人の本質を最もよく示唆している。人はもともと楽園の一部ではないのだ。人そのものが楽園創造の手段の一部であり、人は楽園を創造する協力者として造られたのだ。進歩のないマンネリ化した生活が続くと、無意識のうちに変化を求めるようになる。その変化が善に向かうか悪に向かうかは、各自の選択次第である。たとえアダムとイブのようにいったんは悪い選択をしても、それを積極的意味に転換できるのも人間ならではの特性である。つまり、失敗を材料にして積極的な創造を始めることが大切なのだ。

神は命じた。「自分が取り出された大地を耕せ」と。それは他でもない、自分自身を耕せという意味である。楽園喪失は、むしろ彼が得た創造的能力を実際に試すための機会を開いた。エデンの東は流刑地ではなくて、能力開花のための実験地だったのである。

教養や文化を表わす英語の「カルチャー」のもともとの意味は「耕す」である。これは、借り物の知識をたくさん借り入れるカルチャー教室を指すものではない。自ら額に汗をして、自らを耕す。それが人生であり、それが教養を培わせる。その点で、物事を知ろうとすることこそ、自己耕作の第一歩なのである。

「知る」を意味するヘブライ語の言葉は、「ヤダア」という。これは観念的に知識として知ることよりも、むしろ体験的に知ることを指す。その好例がセックスである。楽園から追放されて初めてアダムはイブを知った（ヤダア）、と聖書はいう。ラビたちによると、実は楽園の中でも二人は何回も性行為をしていた。だが、それは単なる動物的マウンティングであった。失楽園の悲しみを経て、初めて二人は相手の人格や心のひだまでを感じ知るような深いセックスをしたのである。

エデンの園の「蛇」が意味すること

興味深いことだが、知恵の木の実を取った事件後、アダムとイブは神の前でいろいろと言い訳をする。アダムは事件の責任を妻イブに転嫁し、イブは蛇に転嫁する。だが、蛇は一言の言い訳も、申し立てもしていない。蛇は嘘を言ったわけでも、イブに木の実を食べてみよと直接誘惑したわけでもなかった。だから、蛇は、言い訳も責任転嫁もしなかったのだ。

とかく蛇といえば悪者の代表のように取り沙汰される。しかし、この物語の中でいちばん正直で、かつ理路整然としていたのは蛇であった。蛇は、野生生物の中で、「最も狡猾（アルーム）であった」と聖書は評している。アルームには、賢いとか聡明という意味もある。単純に狡猾だけではない。ユダヤ人であったキリストは、「蛇のように聡明で、鳩のように柔和であれ」と弟子を戒めている。

ところで、同じ「アルーム」という別のヘブライ語で「はだか」を意味する言葉もある。ということは、蛇は生物の中で最も裸であったという意味にも取れる。蛇こそは最も赤裸々で、何も隠していなかったのである。小細工のない赤裸々な真実、それこそが知恵の実体なのではないだろうか。

蛇にしてみれば、アダムとイブ、つまり人間の責任転嫁によって人間の事件に巻き込まれ、いちばん迷惑したのかもしれない。いずれにせよ、知識を広げ、創造的行為に参画しているとき、人は最も充実した幸福を感じるように設計されているのである。

先見力をどう育てるか
――預言と予言

シュンペーターとドラッカーのイノベーション

ビジネスマンや経営者に求められる資質の一つに先見力がある。

経済学者のシュンペーターは、資本主義の過去の歴史を点検して、企業のイノベーション（変革・革新）が資本主義社会の存続に不可欠であることを指摘した。イノベーションが、市場の開発と顧客の創造をもたらすからだ。しかし、イノベーションを具体的にどう実現するかまでは述べなかった。そのイノベーションの方法を教えたのが、シュンペーターの忠実な支持者だったピーター・ドラッカーである。どちらもユダヤ人だ。

ドラッカーは、GM（ゼネラルモーターズ）やフォード、通信販売世界最大手のシアーズローバック、そしてIBMといった現代の大企業の現場に入り、企業の歴史も踏まえた調査研究をもとに、具体的事例を列挙しながらイノベーションの方向を指し示した。そのドラッカーは「社会や市場の変化を利用してイノベーションを行うべきだ」と唱える。それには先見力が必要になる。

ドラッカーはまた、

「二十一世紀の経営者は、変化をとらえるために、自ら①外に出、②仕事に必要な情報を見つけ、③お互いの強みをフィードバックし合い、④外部に視野を広げ、⑤既成概念に疑問を持て」と助言している。

このヒントは、聖書の中で「先見者」と呼ばれていた人物、預言者サムエルの生涯からも読み取ることができる。

偏見や固定観念が先見力の邪魔をする

預言者サムエルの活躍ぶりについては、「サムエル記」に詳しく記されている。この部分は、さしずめ旧約聖書の中の「三国志」である。「サムエル記」は、預言者サムエル、初代イスラエル王サウル、サウルの死後分裂していたイスラエル王国とユダ王国をまとめたダビデ王、これら三人の英雄の伝記である。紀元前一〇五〇年頃から紀元前九八〇年頃にかけてのことである。

当時、ユダヤ人の国イスラエルは、エーゲ海地方から侵攻してきたペリシテ人に悩まされていた。彼らの武器は、最新鋭のハイテク・鉄器であった。鉄の利用は、現在のトルコ地方にいた、当時のヒッタイトの発明であった。加えて、ペリシテ人は馬を乗りこなし、騎兵や戦車を備えていた。これを迎え撃つイスラエルは、青銅器とロバ。戦力の比較ではない。彼らは、地中海沿いの肥沃な平野を占領した。英雄サムソンがいなくなった後、ペリシテ人はイスラエル人が住む山岳地帯にも攻め上るようになっていた。

その頃、イスラエルの中で民衆の信頼が最も厚かったのは、サムエルであった。人びとは問題があると彼の助言を仰ぎ、紛争があると彼に仲裁や裁定を求めていた。サムエルは幼い時から大祭司エリのもとに預けられ、神殿の雑用をしながら育っていった。彼の超能力は少年時代のある事件で開花した。彼はエリに命じられて毎晩、神殿の入り口で宿直をしていたとき、神の声を聞くという希有《けう》の経験をした。その箇所の聖書を紹介しよう。

　さてある日のこと、エリは自分の部屋で寝ていた。サムエルは、十戒を収めた聖櫃を安置していたエホバの神殿で寝泊まりしていた。

　神は「サムエルよ、サムエルよ」と呼んだ。彼は祭司エリに呼ばれたと思って、「はい、ここにいます」と言って、祭司エリのところへ走って行った。だがエリは、「わたしは呼んでいない。帰って寝なさい」と言った。彼は戻って行き、神殿で寝た。

　神はまた重ねて「サムエルよ、サムエルよ」と呼んだ。サムエルはまた起きて、エリのもとへ行った。「はい、ここにいます。あなたは私を呼ばれました」。だがエリはまた言った、「わたしは呼ばない。帰って寝なさい」。こういうことが三度続いた。

　三回目に、エリは神が少年を呼んでいると悟った。エリはサムエルに、「戻って寝なさい。もし誰かがおまえを呼んだら、『神エホバよ、お話しください、私は聞きますから』と言いなさい」と教えた。

　サムエルは行って自分の場所で寝た。神は神殿に入り、彼のそばに立ち、前のように「サムエルよ、サムエルよ」と呼んだ。サムエルは答えた、「お話しください。下僕《しもべ》は聞きますから」
すると、神は、祭司エリの息子たちの堕落に対する糾弾と、一家の未来に関する悲劇的予言をサムエルに告げた。翌朝、サムエルは、神託の一部始終をエリに話した。サムエルは成長し、神エホバが彼と共におり、彼の発言はすべて的中した。全イスラエルの人は、サムエルがエホバの預言者となったことを知った。

［サムエル記上巻3章］

なぜ神は、少年サムエルに未来のことを語ったのか。結論は簡単だ。彼が少年だったからである。大人たちは大祭司エリとその一族の腐敗に対して、すでに批判的であった。批判的であるということは、エリ一族の命運に関して中立的に物事を考える基盤を失っている。偏見や固定観念で物事を見る人には、未来を中立的に眺めることはできない。そういう人には、先見は難しい。

まず、事実に対して中立不偏であることが、先見性を養うためには求められる。

では、中立で無知であれば先見性が得られるのかというと、そうでもない。次に必要な要件は、問題意識である。

ノストラダムスと「預言者」の違い

サムエルは神殿の雑用をしながら、エリ一族の腐敗と堕落を日々目撃していた。だが、彼はエりの息子たちの悪行に与《くみ》するわけでもなく、陰で批判する民衆に同調するわけでもなかった。彼はたんたんと大祭司エリに奉仕するだけであった。だからこそ、どちらの主張が正しいのだろうかと疑問に思っていた。そういう背景があったからこそ、神託が彼に望んだのである。

先見や予見において大切なことは、徹底的に客観的な立場に立つことである。

一九九〇年代半ばに、証券アナリストの佐々木英信氏と個人的に懇談する機会があった。氏は当時、最も株式市場動向予測が的確だと評判であった。そのとき佐々木氏が語った言葉が、今も忘れられない。

「わたしは証券取引場の雑用係のボーイからスタートしました。だから、市場のわずかな温度差で市場の動向が分かるのです。しかし、自分では株の売買は一切しません。もし自分で株を持っていると、自分の欲得が目の前にちらついて、市場動向など読めなくなるからです」

つまり、客観的な経験と、客観的なデータを徹底的に積み上げ、そのうえで利害を超越して純粋にマーケットを観照していた。これが佐々木氏の先見性の秘密であった。

自分の憶測や小知恵を働かすと、自分の声に誘惑されて判断を誤ってしまう。先見性の難しさは、判断する際に、自分の私的臆見というフィルターをかけて事象を見てしまわないよう注意することなのである。

ちなみに、聖書に登場するプロフェット（prophet）は予言者とは呼ばない。「預言者」と呼ぶ。というのは、聖書に登場するプロフェットは、未来についての予見や予言が目的ではなく、同時代の人びとに対する神からの叱責や警告を告げることが第一の任務だからである。神から言を預けられ、託された人という意味で、預言者なのである。聖書に登場するプロフェットとは、警世家なのである。未来のおどろおどろした呪いを伝える、ノストラダムスの予言と同種のものではない。

第2章

対人力をどう高めるか

交渉力を高める心理術——強者イスラエルを翻弄《ほんろう》した弱者ギベオン

「オレについて来い」は無能な上司の妄言

ビジネス社会で最も不可欠な能力はといえば、それは交渉力である。なぜなら、ビジネスは、商品や権益を介して人と人とが出会い、人と人とが交渉して成立するものだからである。

聖書には、交渉に関する事例がたくさんある。立場の強い者が立場の弱い者に迫る交渉の事例もあれば、弱い立場の者が強者に交渉を持ちかけ、自分に有利な条件を引き出す事例もある。

弱者が強者を相手の交渉に成功した例を一つ見てみよう。

物語は、カナン（現在のイスラエル・パレスチナ）の人びとがイスラエル軍の侵攻のニュースを聞いて、自分たちも攻め亡ぼされるのではないかと震えあがっている場面から始まる。

当時、この地方には都市国家が散在していた。各国の王たちは何とかイスラエルの攻撃と侵略を阻止しようと共同戦線を張り、一気に全面対決で決戦しようと相談していた。

ところが、ギベオンという町の住民は別のことを考えていた。王たちに相談せず、密かに自分たちだけ単独にイスラエルと和平交渉をしようとしたのである。この物語は、このまま現代にも通用しそうである。

ギベオンの住民たちは、ヨシュアがエリコとアイに行ったことを聞いて、彼らは独自の策略をめぐらした。乾燥し砕けたパンを準備し、古びた袋と、古びて破れを繕ったぶどう酒の皮袋をロバに積み、繕った古靴を足にはき、古びた着物をまとって、イスラエル軍の総司令官ヨシュアのところへ出かけた。

彼らは言った、「われわれは遠い国から来ました。今、われわれのために契約を結んでください」

しかし、イスラエルの人びとは彼らに言った、「あなた方は、われわれが攻めようとしている土地に住んでいるのかも知れない。だから、どうしてあなた方と契約が結べようか」

彼らはヨシュアに言った、「われわれはあなたの下僕《しもべ》です」

ヨシュアは彼らに言った、「あなた方は誰か。どこから来たのか」

彼らはヨシュアに言った、「下僕どもはあなたの神エホバの名声を聞き、非常に遠い国から来ました。エホバがエジプトで行った諸々の奇跡と、ヨルダン川東岸の三人の王たちとの戦争での勝利を聞きました。それで、あなた方と友好条約を結ぶためにわれわれを派遣したのです。

これはわれわれのパンです。こちらへ来るため、出立する日に自宅から、熱いものを旅の食料として準備したのですが、今はもう乾燥し砕けています。こちらはワインを満たした皮袋で、新しかったのですが、破れました。われわれのこの着物も、靴も、旅路が非常に長か

חך לא ליחד המקרא בסדר המוקדמים והמאוחרים כלום: ברא אלהים. ולא

ったので、くたびれてしまいました」

そこで、イスラエルの人びとは彼らが持参した食料品を共に食べ、彼らと平和を結び、彼らを殺さないという契約を締結した。会衆の首長たちも、それを彼らに誓った。だが、エホバの神託をうかがわなかった。

契約を結んで三日後、イスラエルの人びとは、彼らが近くの住民で、自分たちの近くに住んでいるということを聞いた。その町々とは、ギベオン、ケピラ、ベエロテおよびキリアテ・ヤアリムであった。

会衆の首長たちが、すでにイスラエルの神エホバを指して彼らに誓いを立てていたので、イスラエルの人びとは彼らを殺さなかった。

[ヨシュア記9章]

右の物語には、幾つも面白い箇所がある。第一に、ギベオンの住民は王たちに相談せず、自分たちだけで単独にイスラエルと和平交渉をしようとしたことだ。

とかくトップは、トップ同士の相談で物事を解決しようとする。すでに頓挫してしまったが、二〇〇四年に話題になったプロ野球の一リーグ化計画などはその好例である。交渉が不可能と見るや、彼らは相手をつぶそうと対抗措置を打ち出し、対決に転じる。

だが、民衆は必ずしも政界のトップや企業のボスと同じ意見ではない。人びとがトップの命令に従うのは利害が一致する時だけである。明日にも自分たちの町が乗っ取られ、仕事が奪われ、場合によっては生活にも困るというような状況に追い込まれると、人びとはトップの意向に従わなくなる。トップが支持を得ているつもりでも、部下が必ずしも全面的信頼をしているとは限らないということを、まずこの物語は教えているのである。

交渉力の達人イスラエルを煙に巻いたギベオンの戦術

さて、ギベオンの住民たちは、どのようにしてイスラエルとの和平交渉をしたか。

第一に、彼らは、さも遠い国から和平を求めてやって来たかのように振る舞った。利害紛争と無関係に遠くにいる者の方が安心できる。そこに着眼した。

友好関係を結ぶには、物理的には遠い距離を置きながら、それでいて信頼という心の距離を縮めることがポイントである。なまじ物理的にも近い距離にいると、あれこれお互いのアラが目について、かえって人間関係は悪化するものである。

第二に、「われわれはあなた方の下僕になります」と表明した。「下僕」というのは「奴隷」という意味である。

彼らは交渉相手と対等になろうとしなかった。自分の方からへりくだって、相手を持ち上げる。こうすることによって、相手の自尊心を傷つけないですむ。交渉をうまく進めるためには、相手の気持ちをなごませ、大らかにさせることが大切である。

第三に、彼らはイスラエル人に向かって、「あなた方の神エホバの名声を聞いたので、わざわざ遠い国から、あなた方と友好関係を結びたくて来たのです」と述べた。

誰でも、自分が大切にしているものを褒められると嬉しい。この物語の場合では、ユダヤ教への敬意を前面に押し出した。

交渉の際には、相手との共通の話題を持つことを忘れてはならない。その際、相手が誇りに思っていること、大切にしていることを話題にして、気配りをすることだ。相手の国の文化や宗教への尊敬でもいい。故郷や出身校の話題でもいい、共通の知人や友人があればなおいい。そうしたものに正面から敬意を表わすと、人は警戒感をゆるめ、信頼しはじめるのである。

交渉をうまく進めるためには、まず信頼関係をどのように築くか。その雰囲気づくりが非常に大切なのである。

不利な契約に対するユダヤ人の考え方

交渉に合意すると、古代オリエントでは宴会をしていた。神の前で同じ釜の飯を食べることによって、兄弟の契りを結ぶのである。兄弟になって、そのうえで、改めて神の前に契約遵守を誓っていた。

友好条約の締結後、ギベオンの住民たちが、本来はイスラエルが亡ぼすべき敵国人であることが判明した。しかし、すでに彼らの生命の安全と財産の保護を約束した以上、彼らが敵国住民だと判明しても、ヨシュアたちは契約の履行を守った。

いったん締結した契約は、あとで契約条件の不備が分かっても、そのことで契約を無効にする口実にはならないのである。

どうしても契約に異議があれば、その場合は、修正条項を追加すればいい。聖書を読むと、このあと、ヨシュアはギベオン人たちに神殿への水と薪《まき》を運ぶ役を命じている。賦役を追加することで、友好条約を対等の契約から、イスラエル側優位の契約へと改定したのである。

相互不信の対立を解消する方策——兄エサウと弟ヤコブの和解

典型的なユダヤ人の成功者ヤコブ

交渉の一つに和解というものがある。日本の裁判所では、和解を民事裁判において原告・被告の双方に勧告する。日本の裁判所での和解勧告は、裁判官が判決を下したくない場合の逃避的行為である。裁判所の勧告を受け入れて双方が和解したといっても、たいてい、しぶしぶ和解という形式を選択しているだけである。

本当の和解は、お互いが心から過去の敵意や怨念を捨て去り、それぞれ未来に向かって積極的に歩み出すことである。そのためには、どうするか。相手の感情の怒りをときほぐすことである。この感情の機微を教えてくれる物語は、ヤコブという人物と兄エサウの和解である。

ユダヤ人は、自分たちをイスラエルの民と称したりする。これは彼らの祖先ヤコブという人物が、別名「イスラエル」と呼ばれたからである。

紀元前一七〇〇年頃のこと、現在のイスラエルの地、当時のカナンの地に、ヤコブという青年がいた。彼は、父親の遺産の相続をめぐって双児の兄エサウの恨みを買い、殺されそうになった。そこで、母の実家がある遠くシリア北部のハラン、祖父アブラハムの故郷に亡命し、伯父のもとで羊飼いとして働きながら結婚し、家庭を築いた。妻は、いとこのレアとラケルの二姉妹。二十年後、家族を引きつれて故郷に帰る決心をした。その間、彼は十二人の子供を得、牧畜業者として家畜千頭を超える財産家になり、大成功を収めていた。

ユダヤ人の成功の典型こそ、ヤコブである。金も名声もない人間が、杖一本をたよりに、異国で立身出世を遂げる。これは、ひとえに、彼が自己の知恵を生活設計の資本にしたからである。定住するにせよ、流浪するにせよ、人生に役立つのは各自の知恵である。ユダヤ人が金よりも知恵を大切にする理由はここにある。

〝サプライズ〟が人の心を動かす

さて、二十年の外国生活を経て、ヤコブはようやく自分の故郷カナンへ帰って来ることになった。カナンの入り口、ヨルダン川東岸ヤボク渓谷の関所に立った途端に、彼は、かつて兄エサウが復讐心に満ちて自分を狙っていた当時の姿を思い出した。

二十年前、兄をだまし、父をだました日のこと。弟の自分が、兄を出し抜いてまで父の祝福をもらおうとしたこと。兄は、まだ怒っているだろうか。ヤコブの胸中には、さまざまの思いが浮かんできた。

直情径行、腕っぷしの強い兄に襲われたら、自分の財産も、家族も、ひとたまりもない。どうしたらよいだろうか。何はともあれ、ここは兄エサウと和解するしかない。考え抜いた末、ヤコブは次の方法でエサウの心をほぐすことにした。

まず、最初に使者をエサウのもとに遣わし、弟ヤコブの帰国を伝えた。次に、兄のために家畜の半分をプレゼントすることにした。それも、兄と対面した後で贈るのではなく、自分よりも先に贈り物を届けさせた。しかも、一度に全部のプレゼントを届けるのではなく、五組に分けて、波状攻撃の形で次々に送り届けた。

彼の財産の中から兄エサウへの贈り物を選んだ。雌《めす》ヤギ二百頭、雄《おす》ヤギ二十頭。雌ヒツジ二百頭、雄ヒツジ二十頭。乳ラクダ三十頭とその子。雌ウシ四十頭、雄ウシ十頭。雌ロバ二十頭、雄ロバ十頭。計五グループの贈り物を編成した。これらを間隔を置いて先発させ、エサウの一行と出会うようにさせた。

兄エサウがこのグループに会うたびに、「これは、エサウ様に届けるようにとあなたの下僕《しもべ》ヤコブが命じた贈り物です。彼は、わたしどもの後から参ります」と挨拶せよと、ヤコブは使用人たちに命じていた。

ヤギ二百二十頭だけでも大変な贈り物だ。その後に、もっと商品価値が高いヒツジが二百二十頭。そして、砂漠の舟と呼ばれ機動力抜群のラクダを親子六十頭。これで贈り物は終わりだと思った時分に、これまた貴重なウシを六十頭。そして実用性に富むロバを三十頭。いずれも繁殖用の優秀な雄とセットにしてある。

贈り物は一度にもらうと、ありがた味がすぐ消える。だから五回に分けて、毎回違うものの波状攻撃。演出効果も抜群だ。

この贈り物戦略でまずエサウを喜ばせ、その後で彼に会うならば、彼はたぶん私を迎えてくれるだろうとヤコブは考えた。そして、プレゼントがエサウの手元に到着した頃合いを見計らって、最後にヤコブ自身がエサウのもとに出かけ、帰国の挨拶をし、兄のご機嫌をうかがうという戦略を立てた。

交渉が成立しても安心するな

ヤコブのこの和解作戦は、みごとに相手の心をとらえた。第一に、弟の帰国のニュースに、エサウは驚いた。第二に、次々に届けられるプレゼントに気を奪われ、感激した。最後に、弟ヤコブの姿を見た途端、もはや打算や怨念ではなく、純粋な兄弟の感情が込みあげてきて、昔の恨みつらみも吹きとんでしまった。

ヤコブはヤコブで、兄エサウが来るのを見たとき、大地にひれ伏して身をかがめ、兄が近づいて来るのを待った。すると、エサウは弟の方に走って来て、彼を抱きしめ、その首すじを抱えて口づけし、二人は共に泣いた。エサウは直情径行型であるだけに、感激するとなると感情まる出しで、とことん純情であった。兄弟の和解は成立した。するとエサウは、自分の家で宴会をしようと弟を招待した。

さて、こういう場面に遭遇したとき、読者諸氏であれば、どのように対応するであろうか。まず、聖書のテキストをご一読いただきたい。

そしてエサウは言った、「さあ、立って行こう。わたしが先に行くよ」

ヤコブは彼に言った、「ご存知のように、子供たちは、かよわく、また乳を飲ませているヒツジやウシをわたしが世話をしています。もし一日でも歩かせ過ぎたら、家畜はみな死んでしまいます。お兄様、どうか、下僕の先を行ってください。わたしはわたしの目の前の家畜と子供たちの歩みに合わせて、ゆっくり歩いて行き、あなたの町セイルであなた様と一緒になりましょう」

エサウは言った、「では、わたしが連れている者どものうち幾人かをあなたのもとに残そう」

ヤコブは言った、「いいえ、それには及びません。ご厚意だけでありがとうございます」

その日、エサウはセイルへの帰途に着いた。ヤコブは立ってスコテに行き、自分のために天幕を張り、家畜のために小屋（スコット）を造った。これによってそのところの名はスコテと呼ばれている。

［創世記33章］

ヤコブはとっさに考えた。たった今、和解が成立したばかりである。もし、ここで、このまま兄の誘いに乗ってついて行けば、歓迎の宴会になる。宴会になれば、まず間違いなく酒が入る。

酒が入れば、酔った勢いでまた何を言い出すか分からない。そうなれば、せっかくの和解も不成立になる可能性がある。

酒は人を愉快にさせる。しかし、和解を維持させるものは感情ではなく、理性である。理性の行動が平和をつくる。ヤコブは兄の好意に対して心から礼を述べる一方、別の理由を言って、その招待をていねいに断ったのである。今は、これがいちばん賢明なやり方なのだ。

ここに、ヤコブとエサウの二十年越しの喧嘩にも、ピリオドが打たれた。争いが起こるのは、もともと双方が自分の利益に固執するからである。争いを解決するには、双方ともに満足できる方法を見つけるしかない。

ヤコブは、自分の方から大幅に譲歩する方法で和解を実現した。同じ大地の上で争わずにおれるのであれば、平和を望む側が先に平和の代償を払えばよい。彼は財産の半分近くを兄エサウに提供して、平和を手に入れた。平和であれば、財産はまた殖やすことが可能だからである。

さて、和解が成立すれば、まずは出来るだけ速やかに相手と別れ、そのまま距離を置いて平和な関係を維持することが重要だ。そのうちには、徐々にお互いの行き来も回復し、次第に和《なご》んでいく。それまでは、距離が平和を確実にする。

他者の協力を勝ち取る方法

――サウル王から嫉妬される英雄ダビデ

力強い協力者を得るためには何が必要か

ビジネスに限らず、家庭でも社会でも、周囲の人びとと良い人間関係を持てれば、これほど人間として幸せなことはない。どうすれば周囲と良好な人間関係を保てるかを考える際には、嫉妬と友情という人間関係の両極端を研究してみることである。

聖書の中にその例を探せば、羊飼いの少年ダビデと王子ヨナタンとの友情、そしてヨナタンの父サウル王のダビデに対する嫉妬がある。この物語は、少年ダビデがイスラエルの宿敵ペリシテの将軍ゴリアテとの一騎討ちに勝利し、サウル王の前に召し出された場面から始まる。

מוחרים כלום: ברח חלהים. ולח

ダビデがゴリアテとの決闘をサウルに報告し終わったとき、傍《かたわ》らで報告を聞いていた王子ヨナタンの心はダビデの心と密着した。ヨナタンは自分の命のようにダビデを愛した。この日、ヨナタンとダビデは兄弟の契りを約束した。ヨナタンは自分が着ていた上着を脱いでダビデに与え、その軍服と、剣と弓と帯までも与えた。

［サムエル記上巻18章］

敵将ゴリアテを倒した後、ダビデは初めてサウル王に正式に謁見を許され、一騎討ちの報告を行った。その様子を見ていた王子ヨナタンは、ダビデに一目惚れした。

突然、登場した国民的英雄ダビデ。まだ少年とはいえ、精悍な顔立ち、敵の鬼将軍をも怖れぬ態度。あどけなさが残る表情の陰に光る聡明なまなざし。常識にとらわれない英知と勇気。羊飼いの卑しい身分でありながら、全身から発散する高貴さ。

人びとは新たなヒーローの出現に喜んだ。ヨナタンもその一人であった。そればかりか、彼はその場でダビデに王子の位を象徴する自分の高価な上着を贈った。彼が身に着けている武具一式までも贈った。男と男の出会いというのは、場合によっては男が異性と出会う以上に強烈である。

なぜヨナタンは、ダビデに一目惚れしたのか。その理由を直接述べている記事は原文にはない。だが、間接的なヒントはある。二人の出会いについての、次の記録だ。

「ダビデがサウルに報告し終えたとき、ヨナタンの心はダビデの心と結びつき、ヨナタンは自分の命のごとくダビデを愛した」

ヘブライ語の原文では、後半の文章のニュアンスが日本語訳と少し違う。直訳は、「ヨナタンの命は、ダビデの命と結びついた。ヨナタンは自分の命のごとく彼を愛した」である。ダビデとヨナタンの出会いは、命の出会いであった。これがポイントである。

命の出会いとは何か。最初から利害打算がない。最初から相互の尊敬があり、無条件の信頼がある。では、無条件の信頼や尊敬はどのようにして可能になるのか。お互いの価値観が同じだとか、考え方や趣味が似通っているから、無条件の信頼や尊敬が起きるのではない。

一般に、深い友情を共有するためには、価値観や考え方、趣味が共通していることが大切のように思える。しかし、現実はむしろ逆である。考え方や趣味が共通していると、むしろ相互に批判し合うケースが多い。自分の得意分野に関しては、お互いに一家言を持っている。そのため、相手の弱点や欠点を批評し合う事態を招きやすい。そして、批評が批判に発展し、相互の不信や不仲をもたらす結末となる。

交友が長続きするためには、一方では考え方の基本や思想の方向性が同一であることも大事だが、他方、それぞれのアプローチ方法や発想が異なっている方がいい。魂と魂が相互に引き寄せられるのは、お互いに自分が持っていないものを相手が持っているからなのである。しかも、それを直感し合うからなのである。これは、あたかも磁石のプラスとマイナスが引き寄せ合うような関係である。自分に全面的に欠けている異質な才能や能力を相手が持っているとき、ひとは磁石に引き付けられる鉄片のように相手に魅せられてしまう。そして、強く結合するのである。

王子ヨナタンは改革派であった。彼は既成概念にとらわれない新しい世代の旗手であった。しかし、彼は王族の一人として数々の儀礼や習慣に縛られていた。彼が進歩的だといっても、保守的な宮廷の官僚や将軍たちの壁に守られていた。そうした壁に彼は内心、不自由を感じていた。ところが、突如として出現した自分よりも年若いダビデのなんと自由なこと。丸腰で戦場に臨み、ほとんど素手で敵に挑む。しかも驕《おご》らず、謙虚で、柔和な人柄。敵を恐れない勇気があるが、それでいて王の前でも萎縮しない。自然体そのままだ。これこそ、自分が理想としていた人生の姿ではないか。ダビデを見た途端、ヨナタンはそう思ったのである。自分が持っていない能力や長所を、すべてダビデが持っている。そこでヨナタンは、まるで自分自身を愛するがごとくにダビデに引きつけられてしまったのである。

以後、二人は終生、変わることのない友情と信義で結ばれ、義兄弟の契りを守ったのであった。

ひとに好かれるために、相手と同じ趣味、同じ価値観を持とうとしてはいけない。それは相手に対するおもねりであり、かえって嫌われてしまう。自然体で、素直で、自分らしくあればいい。

そして、自分の目標とすることには、非力をかえりみず挑戦する勇気と行動を持てばいい。

有能な人間ほど足を引っ張られるリスクが高い

一方、サウル王とダビデの関係は、男の嫉妬の典型である。聖書は次のように語っている。

> 彼らがペリシテとの決戦で大勝し凱旋したとき、女たちはイスラエルの町々から出てきて、手鼓と歓呼と三弦琴をもって歌い舞いながら、サウル王を迎えた。女たちは踊りながら互いに歌いかわした、「サウルは千を撃ち、ダビデは万を撃った」
>
> この言葉にサウルは、大いに怒り、気を悪くした。「ダビデには万と言い、わたしには千と言う。このうえ、彼に与えるものは、国の他にないではないか」。サウルは、この日以後、

ダビデに邪険《じゃけん》になった。

次の日、神から来る悪霊がサウルの上に取り憑き、サウルは家の中で狂いわめいた。

ダビデは、手で琴を奏で王を慰めた。その時、サウルの手もとに槍があった。サウルは「ダビデを壁に刺し殺そう」と言って、その槍をふり上げた。しかしダビデは二度にわたって王の前から身をかわした。

サウルはダビデを恐れるようになった。そこでダビデを遠ざけ、彼を千人部隊の長とした。ダビデは命令されるたびに民の先頭に立って出撃し、先頭に立って凱旋した。ダビデは、すべての道で成功した。サウルはダビデが大いに成功するのを見てさらに彼を恐れた。

［サムエル記上巻18～19章］

紀元前一〇三〇年頃にイスラエル初代の王として抜擢されたサウルは、最初は寛容かつ謙虚な好青年であった。だが、在位期間が長くなるにつれ、サウルは次第に短気で、なおかつ自己顕示欲の強い人物に変わっていった。その背景には、彼が周囲の国々との長年の戦争に疲れ、わけても強敵ペリシテからの侵略に悩まされていたことが考えられる。

彼は、一刻でも早く戦争に勝利したかった。ちょっとでも大きく自分の戦功を吹聴したかった。だから、南方の国境なき略奪集団アマレクとの戦闘で勝利したときなど、自信満々で戦勝記念碑を建てた。

短気と自己顕示欲は、観点を変えれば、実はどちらも欲求不満症候群の症状なのである。この症状の人は、自分よりも年長で、なおかつ地位の高い人には従順に振る舞う。しかし、自分と同年の実力者に対しては嫉妬する。自分よりも年少の者が自分以上の実力を発揮しはじめると、嫉妬どころか追い落としを考えはじめる。どこの会社にも、このタイプの人間はいる。

サウルは、少年ダビデが敵将ゴリアテを討ち取ってくれたことには感謝しただろうし、彼自身、そういう部下が出現したことを頼もしく思い、喜んだに違いない。

さて、大勝利の後、女たちが手鼓で歌いながら、舞いながら凱旋を祝し、出迎えてくれた。そこまでは良かったが、女たちの歌にサウルは気を悪くした。

「サウルは千を撃ち、ダビデは万を撃った」

女たちの歌を落ち着いて聞けば、「サウルは彼の兵千で敵を撃破し、ダビデは彼の兵万で撃破した」といって、サウル王により多大の賛辞を呈した内容であることに気付いたはずだ。だが、現実のサウルは数万の兵力を擁しながら敵将を討ち取れなかった。対照的に、ダビデは単身でゴリアテを倒した。そこで、自己への劣等感のあまり、女たちの出迎えの歌を素直に受け取らず、「サウルは千を撃ち、ダビデは万を撃った」と逆に解釈した。

サウルは、いつも人びとの視線や評価が気になっていた。彼はイスラエル初代の王として、人びとの期待を一身に背負って国を指導・指揮しなければならない。国民は常に勝利だけを彼に期待する。失敗や敗北は、すべて彼の責任と見なされる。こういう前例のないキャリアを担う運命につかまってしまった。人の評価や評判が気になるのは、無理からぬことであった。

他人を疑うよりも自分を疑え

ダビデと一緒に凱旋した翌日、「悪霊がサウル王に取り憑いた」という。これは、うつ状態に落ち込んだという意味である。サウル王は、ふさぎ込んでしまった。ダビデの戦勝人気を考えてみると、ダビデが自分の王位を脅かす存在になるのではないかと思えてきたからである。

ひとは不安に捉われると、悪い方向のことばかり考えるようになる。そして落ち込んでいく。その後もダビデが出陣し、武勲に輝いて凱旋するたびに、サウルは落ち込んだ。当時は、落ち込んだ気分を和らげるには、竪琴《たてごと》のやさしい音色が効果的だと信じられていた。そこで琴の名手でもあったダビデは、サウル王の気分を落ち着かせるために、宮廷で竪琴の演奏もしていた。そのダビデを槍で突き殺そうとするのだから、サウル王はひどい精神状態にあった。

サウル王がノイローゼになってしまった原因としては、間接的要因も考えられる。医学的に見ると、サウル王の行動には、彼が慢性腎臓疾患を患っていた可能性があると推定される。とくに腎盂炎《じんうえん》の可能性が高い。察するに、サウルは王位に就いて以来、自分で身体を鍛錬したり、戦闘に出たりすることが少なくなり、反面、毎日美食を楽しみ、運動不足になったのではないか。

現代と違って適切な治療方法がなかった古代社会では、腎臓病の進行を止める方法がなかった。腎臓を長く病むと、身体的機能低下のほかに、精神が不安定になる。とりわけ周囲の人びとに対する猜疑心や暴虐心が高まってくる。そういう病気の発症時に、折りも折り、若き英雄ダビデが出現し、サウルは自分の人気低下を気にしはじめた。そのため、普段は何事もなく穏やかに名君として過ごしているサウルであるのに、体調不良になると、一転して忠実な部下をも疑う暴君と化してしまったのだ。

ひとの行動の表面を観察することは大切だが、行動の原因となっているのは、その人の社会的状況だけではない。生活スタイルや身体的健康も大きな影響を与えている。

逆に、その行動の特性から、相手が抱えている病気や精神心理も把握できるわけである。そこから、相手の病気の治療やストレス軽減に配慮してあげる可能性も開ける。

人は常に危険な存在――怪力サムソンと美女デリラ

学校で教えないマーケティングの成功

いま「サムソナイト」といっても、日本では数多いトランクや鞄《かばん》の一つと思われている。一九七〇年代の初めに、初めてサムソナイトが日本に紹介されたときは、「絶対に壊れない堅牢なトランク」として非常な驚きをもって迎えられた。

このブランド名は、聖書に出てくる怪力無双の英雄サムソンの物語が大好きであったトランクメーカー、シュウェイダー商会の創業者ジェシー・シュウェイダー（一八八二―一九七〇）の命名である。そのビジネスの発端は、今日流にいえば、マーケティングの格好の教材である。

彼の父は、コロラド州デンバーの駅前で八百屋をしたり、中古家具屋をしたりして幾度も商売替えをするが、どうもうまくいかない。ジェシー少年は、十一人きょうだいの六番目。野菜の配達をしたり、新聞の売り子をしながら、苦労して高校を卒業した。卒業後、父の店を手伝いながら自分で始めたのがトランク屋であった。

当時、デンバーは結核の療養地として有名で、全米から結核患者が療養に来ていた。彼はそういう人の波を見ながら、一つの変化に気づいた。デンバー駅に到着する人はみな新しいトランクなのに、数カ月もしくは数年の療養を終わって帰る人たちのトランクはみな壊れている。しかも、町にトランク屋がない。

そこで父親の店先を借りて、トランクを扱いはじめた。トランクは、飛ぶように売れた。それに彼はニューヨークから最新のトランクを取り寄せた。結核が治って社会へ復帰し、それぞれの出身地へ帰る人びとにしてみれば、ニューヨークの最新のトランクは全快を象徴する晴れがましい勲章だ。療養疲れなどを、故郷の家族や友人に見せたくもないはずだと考えた。その狙いは的中して、ニューヨークの最新最高級のトランクも、どんどん売れた。

ジェシーの店は、一〜二年のうちに全米でも有数のトランクの小売店になった。デンバーの田舎で、なぜかトランクが売れる。それもシュウェイダーという無名の店。ぜひ、その秘密を知りたい。そう考えたニューヨークの大手トランク問屋が、ミスター・シュウェイダーをニューヨークへ招待した。

デンバーからの列車がニューヨークの駅に到着したが、それらしい人物の姿が見えない。問屋の社長たちがシュウェイダー探しをしていると、「もしや、僕をお探しではありませんか」と言って現われたのは、弱冠十七歳のジェシー・シュウェイダー少年であった。

その後、彼はトランクの小売りをするよりも、自分でトランクの製造をした方がいいと考え、一九二二年からトランク製造を始めた。彼は常に頑丈で長持ちする堅牢なトランク作りを心がけた。彼のトランクを有名にしたのは、ダイレクトメールに使用したトランクの写真であった。彼と弟たちの巨漢五人、全員で三百キログラムが乗っても潰れないトランクの写真であった。そして、一九四一年に発表した新型デザインの製品を「サムソナイト」とネーミングした。一九五五年にはジェット旅客機時代に対応する超軽量堅牢のトランクを発表し、以後、世界のビジネスマンたちのステータス・シンボルとなる不動の座を獲得した。

秘密は常に漏洩する危険にさらされている

ところで、サムソナイトのモデルとなった英雄サムソンとは、どのような人物であったのだろう。サムソンは、不妊症に悩んでいた母親が神に願をかけて授かった子であった。母親は、「生まれてくる子を神に捧げます。その子の髪の毛を一生切らず、結婚もさせません」という誓いを立てていた。

生まれてきたのは、火のように生命力あふれる男の子であったので、「燃える火の固まり・太陽（シェメシュ）」にあやかって、「サムソン（太陽の子＝シムション）」と名付けた。太陽のように、人のために役立ってほしいという願いが込められていた。

生まれる前から、わが子が社会のために役立つ人物となってほしいと願う、その期待は子が成長するに及んでやがて現実となる。とりわけ母の願い、それも無私の願いというのは胎児にしっかりと伝わる。成人してサムソンは、大活躍をする。

サムソンは、エーゲ海から地中海東岸のカナン地方に侵入してきたペリシテ人を向こうに回して、単身で戦った。素手でペリシテ人を一度に二百人も倒したことさえあった。彼の怪力の秘密は、生まれたときから一度も髪の毛を剃っていないためであった。彼の数々の恋と女性遍歴は、彼が好色であったというよりも、結婚できない身の悲しさをまぎらわした結果であろう。ひとは孤独に耐えられない。人恋しくて、彼はあちこちで浮き名を立てる始末となった。その彼が本気で愛したのが美女デリラ、それもペリシテ人の娘であった。

英雄サムソンと美女デリラをめぐる物語は、そのまま『サムソンとデリラ』という題名でハリウッド映画になったこともある。聖書は語る。

サムソンはデリラというペリシテの女を愛した。

このことを聞き付けて、ペリシテの王侯たちが、わざわざ彼女のところに来て、頼んだ、「サムソンを口説いてくれ。彼の怪力がどこにあるか、またどうすればわれわれが彼に勝てるかを見つけてくれ。そうすれば、われわれはおのおの銀一、一〇〇枚ずつをあなたに進呈しよう」

賄賂《わいろ》に目がくらんだデリラは、サムソンにたずねた、「ねえ、あなたの怪力の秘密はどこにあるの。どうすればあなたを縛り上げて、あなたを苦しめることができるの。ねえ、わたしに聞かせてよ」

「あっ、そう。それはわたしが寝ている間に、わたしを新しい弓の弦《つる》で縛り上げればいいのさ」

　そこで彼が寝ている間に、弓の弦で彼を縛り上げたが、朝起きたサムソンは、あっという間もなく弦を引きちぎってしまった。こういう具合にサムソンは適当に答えて、彼女を三度も翻弄した。

　三度、はぐらかされた後、デリラはサムソンに詰め寄った、「心が離れているのに、あなたはどうしてわたしを愛していると言えるの。もう三度もわたしをだましたのよ。あなたの怪力がどこにあるのか、わたしに話してくれないのね。それで、わたしを愛しているとよく言えるわよね」

　彼女は毎日、こう言ってサムソンに迫った。彼は心の底から死ぬほどに苦しんだ。

　ある日、彼はついにその秘密を全部、彼女に打ち明けた、「わたしの頭にはカミソリを当てたことがない。わたしは生まれた時から神に捧げられたナジルという出家人だ。もし髪を剃り落とされたら、わたしの力は失せ、普通の人のようになるだろう」

　これを聞くと、すぐにデリラは人を遣わし、ペリシテの王侯たちを呼び寄せた、「サムソンはとうとう秘密を全部わたしに打ち明けました。今度こそ部屋に踏み込んでください」

　そこでペリシテの王侯たちは、約束の銀を携えて、女のもとにやって来た。

　女は自分の膝の上にサムソンを眠らせた。人を呼んで彼の髪の毛を七房剃り落とさせた。するると、彼は苦しみはじめた。だが、あの力は彼を去っていた。女は、「サムソンよ、ペリシテ人があなたに迫っています」と言った。彼は目を覚まし、武者ぶるいをしたが、もはやあの怪力は出なかった。

［士師記16章］

その夜、あわれサムソンは、ペリシテ人に捕らえられ、両目をえぐり抜かれ、牢獄に放り込まれてしまった。毎日、大きな石臼《いしうす》を挽《ひ》かされた。その間に剃り落とされた髪の毛が、再びのびはじめていた。

一年後、ペリシテ人たちは彼らの神ダゴンに供物を捧げ、サムソン捕獲一周年を大いに祝おうと集まってきた。民衆は、鎖に繋がれた盲目のサムソンを広場に引き出し、公衆の前で彼を嘲笑の種にした。そのとき、彼は、ペリシテ人に最後の復讐をしようと決心した。

サムソンは自分の手を引いている若者に言った、「わたしの手を放して、この宮殿を支えている柱をさぐらせ、それに寄りかからせてくれ」

その宮殿には男女の客が満ちあふれ、ペリシテの王侯たちもそこにいた。また屋根の上には三千人もの見物人がいて、サムソンがなぶられる光景を見ていた。

サムソンは神に祈り叫んだ、「ああ、神エホバよ、どうぞ、わたしを思い出してください。ああ、神よ、どうぞもう一度わたしを強くし、わたしの両眼の一つのためにでもペリシテ人に復讐させてください」

こう言って、サムソンは、その家を支えている二つの中柱の一つを右の手で、もう一つを左の手で抱えて、身体をそれに寄せ、渾身の力を込めて身をかがめた。すると、建物が崩壊し、そこにいたペリシテの貴顕、高官ら三千人が建物の下敷きとなって死んだ。サムソンも死んだ。

［士師記16章］

使命感は挫折を乗り越える原動力になる

以上が、物語のあらましである。この物語から何を学べるのか。

第一に、英雄といえども、愛には弱いということがあげられる。善きにつけ悪しきにつけ、世界を支配するのは「愛」である。その愛をも裏切るのは「金」だということである。

しかし、その愛をも、金をも振り払って、ひとにもう一度だけ揮身の力を振るわせるものがこの世にはある。それは何か。「使命に目覚めること」である。使命に目覚めると、ひとは一切を奪われてもなお再起し、ついには使命を果たすことができるのだ。自分の使命に向かうとき、ひとは不屈の力を発揮できるのである。

第二に、仏の顔も三度までというが、いつまでも相手をだませないということである。なまじ答えをごまかしたり、その場しのぎの嘘を並べたりするから、問い詰められて全部白状しなくてはならなくなる。答えたくない質問に対しては、最初から終始「ノー」と断るべきである。

第三に、愛には裏表があってはならないということである。中途半端な告白の愛は永続しない。

ヘブライ語では、「愛＝アハバー」という言葉と、「一つ＝エハッド」という言葉は、それぞれアルファベットの綴りの数が「十三」で等しい。愛は純一であるときに、大きな力を発揮する。サムソンは彼の怪力の秘密を愛人デリラに明かしたために、神通力を失い捕らえられた。しかし、彼がデリラに対して愛を貫き、しかも使命に立ちかえったことが、一年後に神通力の回復を可能にした。

ビジネスの世界でも、そうした一途一徹の態度は、やがて報われるものなのである。

第3章

企画力を伸ばす

経験と斬新性の落差

――初代サウルと二代目ヨナタンの確執

低迷を打破する発想はどこから生まれるか

時代がゆきづまってくると、いつの世にも若者が風穴を開けはじめる。すると急に老人が出しゃばりはじめ、権威を振りかざす。ライブドアの堀江貴文社長の登場に、老人たちの旧勢力が連合反撃をする構図である。いつの時代にも、老人たちの抵抗はしょせん一時的であり、永続するよしもない。そのことを自覚して、まずは若者の言葉に耳を貸すべきなのである。

古代イスラエルの激変期に、初代の王サウルは革新勢力期待の星として登場した。だが、彼が華々しい成功を収めたのは、即位の年と翌年の二年間だけであった。当時、イスラエルは周囲のもろもろの国と戦争をしていた。ヨルダン川の東側はアンモン。南の死海東南にはモアブ、エドム。北はシリア。西の地中海沿岸にエーゲ海から渡ってきたギリシャ系のペリシテ。まさに四方を敵に囲まれ、サウルは気息奄々、まるで今日、イスラエルに四方を包囲されているパレスチナのようなありさまであった。

わけてもペリシテは鉄器生産技術を有し、鉄製武器を多数所有していた。イスラエルは徐々にペリシテに版図を侵蝕され、イスラエル山地の中央部もその支配に屈するようになっていた。サウル政権の実態は、ペリシテの属国として在位二十年を生き延びていただけであった。
そんなある時、サウル王の長男、ヨナタン王子が敵ペリシテの守備隊を攻撃し、全滅させた。その結果、ペリシテ側は戦車三千輌、騎兵六千人、それに数えきれないほど多数の歩兵を引き連れて、イスラエル討伐に上ってきた。その状況を聖書は次のように語っている。長い記述なので、その要点だけを紹介しよう。

戦争というのに、イスラエル側の民の手には剣も槍もなく、わずかにサウルとその子ヨナタンだけが鉄の武器を持っていた。決戦場にペリシテ側が選んだのは、今日のエルサレム北西部の山地中央、サウルの居城ギベアの真正面、ミクマシ高原であった。こういう状況では、まともに正面から敵を攻めるのでは勝ち目がない。しかしサウルは正面から決戦しようとしていた。彼のこれまでの成功体験から、彼には他の作戦を考えることができなかったのである。

ある日、王子ヨナタンは、彼の剣を持つ若い従者に言った、「ねえ、君、二人で谷の向こう側にいるペリシテ軍の最前線へ突入しよう。神が何かしてくれるだろう。神にとっては、多人数で勝利するのも、少人数で勝利するのも、何の相違もないはずだ」

従者は、「あなた様の考え通りになさってください。わたしはあなたと一心同体で行動します」と言った。

ヨナタンは敵陣に奇襲することを父に告げなかった。ヨナタンが選んだ地点は峡谷で、蛇行する谷を挟んだ向かい側、北側の絶壁の上にペリシテ軍の見張り台があった。

ヨナタンは若者に言った、「われわれは、谷を渡って、あの連中の前に姿を見せよう。もし奴らが、『待て、こちらから行くから』と言うなら、われわれはその地点で待とう。だが、もし『こちらへ登って来い』と言うなら、われわれは登って行こう。それは、神が奴らをわれわれの手に渡してくださるしるしだ」

二人は谷を渡り、最前線に姿を現わした。ペリシテ軍の兵士は目を疑った。「見ろ、ヘブライの弱虫どもが隠れていた穴から出てきた」。兵士たちは叫んだ、「お〜い、こちらへ登って来い。思い知らせてやるから」

ヨナタンは太刀持ちの従者に言った、「おお、これは、神が奴らをわれわれの手に引き渡してくださる吉兆だ。さあ、私の後について来い」。こう言い終わらないうちに、ヨナタンは両手両足を使って絶壁を登りはじめた。従者も遅れじと、すぐに登りはじめた。

崖を登り終わるや否や、ヨナタンと従者はペリシテ人の兵士たちを一撃で倒した。

［サムエル記上巻14章］

ヨナタンと従者は、見張り台にいた敵の兵士二十人ほどを皆殺しにした。察するに、見張り台の兵士たちは厳重に武装していなかったのかもしれない。ペリシテ軍にしてみれば、ミクマシの見張り台は、峡谷を挟んで敵軍イスラエルと対峙しているとはいえ、断崖絶壁の上にある。一番安全な場所で、軍の配置では最奥部、しかも最高峰の地点だ。その見張り台がヨナタンの奇襲で全滅した。

このニュースが伝わるや、ペリシテ軍の兵士たちは恐怖に駆られた。後方から、しかも高地から敵が襲ってくる。彼らは奇襲した兵力がたった二人であることを確認もせず、一斉に地中海沿岸の平地を目指して遁走しはじめた。そればかりか、ペリシテ軍の遁走を見るや、ペリシテの傭兵になっていたイスラエル人たちが、イスラエル側に寝返りはじめた。勢いを得て、ヨナタン側は一大部隊となり、さらにペリシテ軍に追い討ちをかけた。

精神論にこだわると効率の低下を招く

ペリシテ軍崩壊！　このニュースはすぐにサウル王にも届いた。自軍を点呼してみると、王子ヨナタンとその従者がいない。またしても、息子が敵軍に奇襲をかけたか。サウルにしてみれば、戦功を息子に出し抜かれたという気持ちがした。

ともかく、ここは敵の混乱に乗じて追撃だ。サウル王は、全軍に進撃の命令を下した。しかも、「敵を殲滅させるまで、今日は夕方まで一切食事をしてはならない。食事をした者は神に呪われるべし」と、非情な条件を付けた。兵士たちに、水も飲まず食事もしないと誓わせ、精神を集中させて必勝を期そうとしたのだ。

王子ヨナタンだけは、その命令を知らなかった。彼は森の中でたまたま蜂の巣を見つけ、杖の先で蜜をなめた。すると、疲れていた彼の目がはっきりしはじめた。彼は周囲にいる兵士たちにも、蜂蜜をなめて元気を出せとすすめた。

だが、誰も蜂蜜をなめようとしない。ヨナタンが訝《いぶか》しく思って兵士たちに尋ねると、王が最終勝利をするまで食事をするなと誓わせたという。ヨナタンは憤慨して言った。

「何ということだ。国を窮地に立たせているのは父だ。蜂蜜を少しなめただけで、私の目は冴えてきた。同胞が敵からの戦利品を十分に食べていたら、さらにペリシテ軍に打撃を与えることができていただろうに」

日が沈むと、兵士たちはもう我慢できなかった。戦利品の羊や子牛を先を争って殺し、生き血をすすり、生肉のまま食べはじめた。生き血、生肉はユダヤ教の戒律で厳格に禁止されているにもかかわらず、である。飢えた兵士たちには、神の掟も、軍の規律も通用しなくなっていた。

サウル王は、全員の士気を引き締め、夜中も敵を追撃しようと企てた。念のために、祭司に神託を占わせたが、神からの答えがない。サウルは考えた。これはおかしい。神から返事がない。何か神を怒らせることをしたのだ。誰が犯人か。その者を引き出して処刑しなければ、神の怒りは鎮まらない。

犯人探しのために、クジを引いた。すると、クジは王子ヨナタンに当たった。ヨナタンを問いつめると、昼間、蜂蜜をなめたことを認めた。そこで、サウルは彼を処刑すると宣言した。

この決定に関して、国民はこぞってサウル王に抗議した。

「この大勝利をイスラエルにもたらしたヨナタンが、なぜ死なねばならないのですか。とんでもない。神エホバに誓って申し上げますが、彼の髪の毛一本でも地に落としてはなりません。彼はこの丸一日、神とともに活躍したのです」

国民のこの声に、王子ヨナタンは死を免れた。

過去の成功体験から新しい可能性は生まれない

以上の物語を読んで、気づくことが二点ある。

第一に、王子ヨナタンの戦略と行動の斬新さである。彼は従者ひとりだけを連れて、からめ手から敵陣に攻め入った。それも、父王サウルに告げずに行動を起こした。父王に言えば、どうせ却下されるに決まっている。若者の良さは、年長者の前例にとらわれることなく、独自に新奇の手法を考えつく点である。

からめ手から切り込まれて、敵は驚愕し、にわかに総崩れになってしまった。戦いは勝利することが目的である。だから、常識にこだわった作戦を選んではならない。関ヶ原の戦いにおいて、東軍の徳川家康は、敵方・小早川秀秋に寝返りさせて、勝利をものにした。

ヨナタンは積極的思考と合理主義を貫くことによって、戦闘を勝利に導いた。彼の勇気ある行動は民衆が支持するところともなった。

第二に、サウル王の醜態だ。彼には頼るべき革新性も英知もなく、急場をしのぐ伝統的な知恵も浮かばなかった。ただ、いたずらに精神論だけを振りかざし、守旧性を露呈しただけであった。知恵なき保守、これが守旧だ。

権力に対して距離を置き、物事を周辺から観察すると、解決方法の全容をよく知ることができる。知恵を得ようと欲するならば、まず周辺に立ってみることから始めるべきなのである。

そして、若者に奇想天外の作戦を考えさせ、思い切って任せてみる。それがマンネリ化した事態の突破口につながるのである。日本のビジネス環境は相変わらず厳しい。だからこそ、むしろ非常識と言われようと、新しいアイデアを試みてみることだ。過去の成功体験をいったん脇に置いて、若者にビジネスの権限を一部譲渡してみる。そこから新しいアプローチ、新しい可能性が生まれる。

ユダヤ式創造的発想の原点

――天地創造

夜の時間がもたらす創造のヒント

企画力を伸ばすためには、創造的でなければならない。企画と創造は似ているが、微妙に違う。創造力を伸ばすためには、企画的でなければならないとは言えない。つまり、創造力の方が企画力の土台なのである。創造は前提や前例のない環境でモノをつくり出すことである。企画は前提や前例のある環境で、新たに計画することである。

創造力を伸ばすためには、どうするか。

第一に、他人がまだ手がけていない研究目標、世の中にまだない製品をどうやって作るかなどのテーマだけは、はっきりと持つことだ。それをどう実現するか、昼も夜も考える。とりわけ夜、寝る前にどうすればいいか自分の心の中で、自分に課題をつきつけておく。そういうストレス状況の中で、ノーベル賞受賞の湯川秀樹博士は、夜、寝床に入ったときに中間子理論の構想を思いついた。

ホンダの創業者・本田宗一郎は、重い自転車をこいで買い出しに苦労している妻を見て、何とかしてやりたいと思い続けていた。すると、夜中に「そうだ、軍隊で不要になった小型エンジンを自転車に取り付けよう」と思いつくや、朝一番に工場へ駆け込み、原動機付き自転車を完成させた。

創造力を高めるためには、夜の時間とのつき合い方に秘訣がある。それは聖書でも同じだ。聖書は天地創造の物語から始まる。まず、最初の書き出しを紹介しよう。

יחד המקרא בסדר המוקדמים והמאוחרים כלום: ברא אלהים. ולא

はじめに神は天と地とを創造した。地は形なく、むなしく、闇が淵の表面にあり、神の霊が水の表面をおおっていた。

神は「光あれ」と言った。すると光が生じた。神はその光を見た。それは良かった。神は光と闇とを分けた。神は光を昼と呼び、闇を夜と呼んだ。夕となり、朝となった。第一日である。

神は言った、「水の間に空が生じ、水と水とを分けよ」。神は空を造り、空の下の水と空の上の水とを分けた。そのようになった。神はその空を天と呼んだ。夕となり、朝となった。第二日である。

［創世記1章］

以後、神は三日目に陸と海を造り、草木を生えさせる。四日目に、太陽と月と星を造り、五日目に、鳥、魚、虫、陸上の動物を創造した。六日目に人間を創造し、七日目に神自身が創造の作業をひとまず完了し休息する。これが世界初の週休制度の始まりである。アダムとイブがエデンの楽園で禁断の木の実を食べ、楽園から追放されるのは、そのずっと後の物語である。

ユダヤ人の発想の柔軟性

ユダヤ人にとって、天地創造の物語は単なる神話ではない。天地創造の物語は彼らにとっての心の拠りどころ、アイデンティティーの原点、発想の出発点でもある。

ユダヤ人にとって聖書の天地創造の物語は、神がいかに秩序立てて宇宙を造ったか、神がいかに目的意識を持っているかを説明する資料である。これが進化論や地動説と矛盾するものだとは、ユダヤ人は考えない。

人間に世界を知り尽くすことはできない。それならば、分かる範囲で物事を合理的に説明すればいい。地球が丸いことを証明したのも、〝隠れユダヤ人〟のコロンブスであった。ユダヤ人は、キリスト教原理主義者のように、天動説に固執することとさえない。

ユダヤ人は天地創造物語から、虫やヤモリや動物の方が人間よりも早く創造されているため、彼らの方が人間の先輩であるということ、人間が動物と調和して生きていかなければならないことを学ぶ。

ユダヤ人が毎週土曜日を安息日として仕事を休むのも、ルーツは天地創造の神話にまで遡る。これは、神が六日間かけて天地創造の仕事をし、七日目を神が他の日々と区別し、休息日としたという故事にならっての習慣である。ユダヤ人の祖先が、世界で最初に週休制度を国民全体として採用した。その後、ユダヤ教から分派したキリスト教は、日曜日を休日にした。ユダヤ教とキリスト教の伝統を受けついで誕生したイスラム教は、金曜日を休むようになった。

ユダヤ人が結婚式をする場合は、水曜日の夜が多い。それは水曜日に神が太陽や月、星を創造したことにあやかって、星の数ほどに子孫が増えるようにとの祈りを込めるからである。

天地創造の物語が与えた最も大きな影響

聖書の天地創造の物語がユダヤ人に与える最も大きな教えは、創造が夜から、とくに暗黒と混沌から始まるということである。天地創造の初めに、神が真っ先に創造したのは暗黒であった。暗黒の次に渾沌と大水が創造され、その後で光が創造された。したがって、創造は暗黒の神秘の中から始まる。

われわれは、一日は朝から始まると思っている。だが陰暦のユダヤ人の一日は夜から始まる。日没から日没までが一日なのである。だから、夜のうちに翌日の仕事の手順を考える。

朝にはすでに太陽が昇り、生産活動、労働活動を始める。生産と労働というのは、具体的に何をなすべきか目標と手順が見えていて初めて可能なことである。日が昇れば、既に出来あがったパターンに従って行動するのである。

しかし、夜は暗黒であって、物事は未分化のまま混沌としている。創造というのは、出来あがったものを仕上げることではない。まだ形も姿も見えないような、この先どうなるか分からぬ状態の中から、今まで存在しなかったモノを造り出すことだ。それには、夜の暗闇の中で模索し、思索するのが一番いい。

夜、睡眠につく前に、明日はどうしようか、明日はどんな手順で仕事してみようか、明日は誰を喜ばしてあげようか、明日は職場のどこに目を配ろうか——そういうことを思い浮かべながらベッドに入る。そうすると、寝ている間に、大脳が問題点を整理し、朝までには創造的霊感がベストの方法を探してくれる。そして、朝起きてみると、「ああ、今日はこうしよう」と、いい知恵が湧いて、いい仕事ができる。あなたも早速、実行してみるとよい。

創造力をどう養うか——天と地の創造以前

「空白」がクリエーションにつながる

創造が夜の暗黒の中から生まれるとはいえ、創造のきっかけはたいてい昼間である。それも、普段は気にもとめていない現象や物事を、ふと立ち止まって眺めたことから始まる。ニュートンはリンゴの落ちるのを見て万有引力の法則に気づいた。ただしニュートンは、テーマは追いかけていた。ニュートンは、月がなぜ地上に落ちてこないのかということを疑問に思い続けていたのだ。そんなときに、リンゴが落ちるのを見て、これはリンゴが落ちるのではなく、リンゴが小さすぎて地球の引力に耐えきれず、地球に引っ張られているのだと気づいた。

同様に、普段、何気なく使っている言葉でも、立ち止まって噛みしめてみると、さまざまのヒントに気づく。たとえば、「はじめに」という言葉は、そのいい例である。始めがあるから、終わりがある。終わりのあとは何もないかといえば、また別の「はじめ」がある。

ビジネスは、始めと終わりの繰り返しである。宇宙にも始めがあり、終わりがある。いったん、始まったものでも、うまくいかないと、途中で軌道修正をしたり、試行錯誤をしたりして、そのつど小さな始めに戻せば、またスタートし直せる。

はじめは、白紙だ。白紙だから、そこにイマジネーションの空間が広がる。イマジネーションの空間があるから、そこに「何か」を書き込みたくなる。あるいは、何かをしたくなる。その茫洋とした空白は、「何か」によって充足されようとする。空白が創造、つまりクリエーションという行為を呼ぶのだ。聖書は言う。

「はじめに、神は天と地を創造した」〔創世記1章〕

この一句を聞いて、ユダヤ人は考える。天と地を造る前は、そこに何があったか。「有」が出現する前に、何があったか。有の前は、無だ。無しかあり得ない。「無」以外には、何もない。無限に無だ。何もないから、何かを造りたくなった。その何もないという「無限の無」が、有を可能にしたのだ。

創造を可能にする三つの条件

しかし、何かを創造したいと思うには、思ったり、考えたりする主体がなければ起こり得ない。ということは、無の中に、思ったり考えたりする主体、つまり「われ」という主体が意識されて初めて、創造は可能だということになる。

聖書は、ヘブライ語で書かれている。そのヘブライ語で、無を「アイン　ayn」と呼ぶ。そして、われを「アニー　any」という。これは、わずかに一字入れ代わっただけである。つまり、何もない、何の思惑もない無者（アイン）の心に、「われ（アニー）」の意識が生じることによって、初めて創造へのイニシアティブが始動するのだとユダヤ人は考える。

初めに大切なことは、「白紙」と「無」と「われ」の三つである。それが、創造の条件である。自分が無になって、白紙状態で物事を眺める。そうすると、ふっと何かに気づく。その気づきをどう加工したらよいか改めて課題を自分自身に投げかけて、また放置しておく。そのうちに、心の深層でおもむろにアイデアが熟してくる。そして創造が始まるのだ。

あせってはいけない。何もなければ、あせることもない。白紙になって、ゆっくりと目を閉じてごらんなさい。そこから創造のイメージが湧くのだ。

イマジネーションを鍛える――恋愛詩「雅歌」の魅力

イマジネーションはアイデアを生むエンジン

企画力を伸ばすために必要なもう一つの要件は、想像力、イマジネーションである。既存の枠を超え、枠にこだわらないで、自由に可能性を探る。それが想像力である。

世界的な経営学者ハーバード大学のレビット教授は、その名著『マーケティング・イマジネーション』の中で、「イマジネーションはアイデアを生むエンジンである。イマジネーションで進歩はスタートする」と述べている。

イマジネーションをかき立てる大きな要素の一つは、恋である。恋をすると、ひとは距離と時間を忘れて、相手の心情の中へと溶け込み、その思いを言葉に託そうとする。

どういう言葉を選ぶかによって、イメージも違ってくる。たとえば、今でこそパソコンといえば身近で誰でも使える道具の一つであるが、最初、小型の事務用コンピュータが製品化されたとき、IBMはそれを「マイクロ・コンピュータ」とネーミングした。文字通り小型コンピュータという意味であった。しかし、それでも一般の人びとには、〔コンピュータ〕＝〔操作が難しい機械〕というイメージが強かった。

そのときアップル社は、小さなコンピュータの中に、当時としては驚くほど使い勝手のよいソフトをパッケージ化し、信じられないほど安い価格で、しかも「パーソナル・コンピュータ」というネーミングで売り出した。パーソナルならば、自分にも使えるかもしれない。そう思った人びとはアップル・コンピュータに飛びついた。これが、パソコン時代を切り開くきっかとなった。一口でネーミングというが、どのようにイマジネーションを広がらせるかが勝負である。

レビット教授に限らず、マーケティング学者や広告宣伝業界にユダヤ人が多いのは、彼らが日頃から聖書の物語に接し、行間から物語や言葉の背後にある世界へとイマジネーションを逞しくしているからである。聖書に収められている数多くの記録や作品の中で、最も想像力をかき立てる異色な作品は、若い男女の恋愛感情を謳いあげた「雅歌」である。

散文や詩をシナリオ化する訓練

雅歌は「ガカ」と読む。「ミヤビウタ」ではない。だが、ヘブライ語原文の表題「シール・ハシーリーム（歌の中の歌）」という優雅なニュアンスからすれば、ミヤビウタと読む方が、より適切かもしれない。

読者に、その第1章のごく最初の部分を紹介し、どのように想像力を広げるかご覧に入れよう。

היתה. הא למדת שקדמו לארץ ועוד שהשמים מאש ומים נבראו על כרחך לא לימד המקרא כסדר המוקדמים והמאוחרים כלום: ברא אלהים. ולא

雅歌 第1章

1 ソロモンの雅歌
2 どうか、あなたの口づけをもって、
わたしに口づけしてください。
あなたの愛はぶどう酒にまさり、
3 あなたのにおい油はかんばしく、
あなたの名は注がれたにおい油のようです。
それゆえ、乙女たちはあなたを愛するのです。
4 あなたの後について、行かせてください。
わたしたちは急いでまいりましょう。
王はわたしをその部屋に連れて行かれた。
わたしたちは、あなたによって歓び楽しみ、
ぶどう酒にまさって、あなたの愛をほめたたえます。
乙女たちは真心をもってあなたを愛します。
5 エルサレムの娘たちよ、
わたしは黒いけれども美しい。

ם וחמים נכראו על כרחך לא ליחד המקרא כסדר המוקדמים והמאוחרים כלום: ברא אלהים. ולא כלום כרייה

ケダルの天幕のように、ソロモンのとばりのように。
6 わたしが日に焼けているがために、
日がわたしを焼いたがために、
わたしを見つめてはならない。
わが母の子らは怒って、わたしにぶどう園を守らせた。
しかし、わたしは自分のぶどう園を守らなかった。
7 わが魂の愛する者よ、
あなたはどこで、あなたの群れを養い、
昼の時にどこで、それを休ませるのか、
わたしに告げてください。
どうして、わたしはさまよう者のように、
あなたの仲間の群れのかたわらに、
いなければならないのですか。

この詩を読んでいると、筆者には古代の野外劇場でのドラマの光景が目に浮かんでくる。古代ギリシャでも、古代オリエントでも、野外劇場での上演は、日が沈んだ夜になってからであった。それは古代イスラエルでも例外でなかったであろう。

古代地中海世界でも、古代の東洋でも、多人数を収容できる屋内劇場はなかった。おおむね、劇場は屋外であり、それは夕暮れ後、気温が下がり涼しくなっての夜からの上演であった。地中海世界では、雨が降るのは十一月末から二月にかけての冬であり、それ以外の季節は雨の心配がない。だから野外劇場が最適だったのである。あたりが暗くなり、日本の薪能《たきぎのう》のように、かがり火の明かりに照らされて見るドラマは神秘でロマンに富んでいた。

雅歌をちょっと芝居用のシナリオに書き変えると、次のような情景が浮かび上がってくる。

על כרחך לא לימד המקרא כסדר המוקדמים והמאוחרים כלום: ברא אלהים. ולא

〈司会者がドラマの開幕を読みあげる〉

「ただいまより、「雅歌　ソロモンの雅歌、その第一章がはじまります」

〈主役の若い女は、散歩をしているような歩調で、静かに舞台中央へ歩み出る〉

〈女、恋人の男を想いつつ、祈るような気持ちで独り言を言う〉

どうか、あなたの口づけをもって、
わたしに口づけしてください。

あなたの愛はワインにまさり、

あなたがお使いになっている薫り油は芳しく、
あなたのお名前は、戴冠式に塗る香り高い油のように広がっています。

それゆえ、都のおとめたちはあなたを愛するのです。

どうぞ、わたしもあなたの後について、行かせてください。

そして、わたしたちは急いで秘密の場所にまいりましょう。


〈女、幻想に耽りながら言う〉

みんなが憧れるソロモン王は、わたしをその部屋に連れて行ってくださった。


〈舞台の下手に都の乙女たちがコーラスガールのように現われ、ヒロインに競うかのように歌う〉

わたしたちは、王よ、あなたによって歓びます。あなたによって楽しみます。

ぶどう酒にまさって、あなたの愛をわたしたちはほめたたえます。

乙女たちは真心をもって、王よ、あなたを愛しています。


〈女、都の乙女たちに向かって、自分を誇るように大きな声で歌う〉

エルサレムの娘たちよ、
わたしは黒いけれども美しい。
あのケダルの天幕のように、あのソロモンのとばりのように、黒く美しい。

あなたたちは、わたしを見つめないで！
わたしが日に焼けているからといって・・・
お日さまがわたしを焼いたのよ。もともと黒かったのではないのよ。

〈女、自分自身に向かって回想するように言う〉
兄や姉たちは　わたしの美しさを妬み、
怒って、わたしにぶどう園を守る仕事を押し付けた。
だから、わたしは日に焼けたのよ。
しかし、わたしは、あの人のことを想い、自分のぶどう園を守らなかった。

〈女、男を想いつつ客席に向かって叫ぶ〉
わが魂の愛するお人よ、
あなたはどこで、あなたの羊の群れを養い、

יחד המקרא בסדר המוקדמים והמאוחרים כלוס: כרת אלהים. ולא

真昼の時、どこで、それを休ませるのですか。
わたしに教えてください。そうすれば、あなたのもとへすぐに行きましょう。
どうして、わたしはさまよう者のように、あなたのお側にではなく、
あなたの仲間の群れの傍らに、
いなければならないのですか。

〈女、寂しさに肩を落とし、悄然と舞台中央にたたずむ〉

散文や詩を読む際に、右のようにシナリオ化してみることも、あなたの想像力の訓練になる。登場人物や舞台の情景だけでなく、行間の空白の部分にその背景の景色や雰囲気、あるいは物音までもイメージを広げると、印刷されただけの活字にはない別世界が現われてくる。そういう感性が、あなたの想像力を豊かにするのである。

ちなみに、愛は親しく接することによって確認される。愛するがゆえに、親しく接したい、接されたいと望むものなのである。この詩でいう接吻への願望は、愛の確認への情動に他ならない。

この詩の詩人は、「あなたの睦まじい愛はワインにまさる」と言う。真実のもてなしは、ワインによって象徴される甘美な楽しみにまさるのである。いいワイン、いい飲み物は人びとの心を

和やかにする。だが、忘れてならないのは心のもてなしである。相手やお客様の心に残る真実のこもった会話である。睦まじい愛とは、忘れられない対話である。相手の心に届く気配りである。しかも、それがごく自然に振る舞われる時、相手にとっては忘れられない感動となる。

その際、気をつけたいもう一つのポイントがある。健康である。どんな甘い言葉、優しい仕草をしても、その当人が弱々しく力がなければ、相手の目には迷惑に映る。

詩人は言う。「あなたの油の匂いは芳しい」と。

古代オリエントの世界では、油とは生命と光の象徴であった。油の匂いが芳しいというのは、その人の生命力が溢れていて、光り輝くような人格が感じられるという意味である。それも、どこか奥ゆかしく、それでいて無限に芳香が広がって感じられるのだ。夜の闇にどこからか漂ってくるジャスミンの香りといおうか。そんな生命力の広がりの人に接すると、あなただって、ほっとするであろう。と同時に、その人への安心と信頼を感じるのではなかろうか。

ワインの名産地といえば、とかくフランスやドイツを連想する。だが、最初のワインの原産地は、現在のイスラエル・レバノン地方なのである。イスラエルのヘブライ語でも、古代レバノンのフェニキア語でも、ワインのことを「ヤイン」という。古代のフェニキア・ヘブライ語のヤインから、そのままワインという言葉が生まれたのである。

この地方では四千年も前から糖度の高いぶどうができ、良質のワインが生産されていた。新ワインができると、人びとは勇猛果敢な戦いの神バアル、別名アドニスの宮へ新酒を捧げ祝った。

その祭りでは、多くの若い男女が愛の告白をし、カップルが誕生した。そのことから、アドニスは愛の神とも呼ばれた。

アドニスはレバノン北部の山間の谷川ドッグ・リバーの奥で、女神イシタールと愛を語り合ったとされている。この物語がギリシャに伝わると、アドニスはエロスと呼ばれ、ローマではキューピッドと呼ばれるようになった。

矛盾は問題を解く鍵になる

ところで、右の雅歌1章5節で主人公は、黒い自分を見ないでほしいと頼みながら、それでいて自分を愛らしいと自認している。いささかつじつまが合わない。恋は盲目という諺もあるから、あばたも笑くぼに見えるかもしれない。だが、それはあくまでも恋する相手を美化してのことである。

こういう矛盾の箇所を見つけると、ユダヤ人はいろいろな角度から説明を試み、矛盾を解明しようとする。ユダヤ人にとって矛盾に出合うことは挑戦であり、問題を解くことは生き甲斐である。

では、黒いにもかかわらず、愛らしいこととは何か。醜いものであって、なおかつ美しいということは、どういうことなのか。

問題を解決するにはいろいろな技法があるが、どんな問題でも自分自身が問題に巻き込まれて、問題と同じ視点、同じ次元になってしまったら決して解けない。問題を解決するには、自分自身が問題から離れて、いったん別の角度、別の視座、別の次元から問題を観察することである。

そこでユダヤ人は、先の原文をこう読む。

「黒いのよ　私は」

「でも（君は）愛らしいよ」と。

つまり、乙女のせりふだった原文を、乙女と第三者との対話に変えたのである。そして自分の醜さを咎《とが》める乙女を、第三者から見れば、美は外見の問題ではなくて、心の問題であるという指摘に読み替えるのである。

醜いのは、己れの醜態に気づかずに、自分を素晴らしいと自己過信することである。だが、己れの醜さに気づいて恥ずかしがるのは、美の基準を心に持っている証拠である。自分を客観的に眺めることができて、しかも自分を恥じるという行為は醜いことだろうか。良心があるということは美しいことなのではないか。美しい心を持つ人は、外見と関わりなく美しい。だから第三者が「でも（君は）美しいよ」と言ってあげて、何の不都合があろうか。とくに、心から自分の罪や失敗を認めて懺悔する姿こそ、美しい。そして、ヘブライ語の「愛らしい（ナアヴァー）」は、美しいの意味もある。

視点を変えると、さまざまのイマジネーションが可能になる。あなたにも行間を読む力を広げていただきたい。

数字力に強くなる——民数記は数字ミステリーの宝庫

聖典に書かれた数字も疑うユダヤ人

一九八〇年代に米国の証券会社ソロモン・ブラザーズが急成長した陰には、二人のユダヤ人の活躍があった。一人は営業出身のジョン・グッドフレンド。もともと美術家志望であった彼は、見習いで入社したがめきめき腕を上げ、同社の会長にまで昇進した。彼は、「有能なビジネスマンの条件は、計算に強く、同じ過ちを繰り返さないだけの記憶力と、状況の変化にすばやく対応できる判断力があることだ」と語っている。

もう一人はエコノミストのヘンリー・カウフマンである。彼は事実に立脚してデータを検証し、データの背後にある真実を冷静に見つめ、そのうえで慎重に分析判断した。彼はコロンビア大学を卒業し、銀行、ニューヨーク連邦銀行に勤務後、ソロモンに入社し、同社の首席エコノミスト、副会長にまで昇進した。だが、一九八七年、当時バブル路線を主張するグッドフレンドの意見に賛成できず退職した。

営業とエコノミスト、二人はそれぞれ役割も異なれば、視点も考え方も異なる。拡大路線と慎重路線。二人がいずれ袂を分かつのは当然であった。しかし、二人とも「数字」の重要性を認識していた点を見逃してはならない。数字こそはビジネスの生命線である。

数字に関しては二つの重要な点がある。一つは正確に数字を記憶することである。もしくは正確に数字を記録することである。計算という作業は正確な数字の上に成り立つのである。グッドフレンドはこの能力に優れ、計算に強かったから、営業の現場で顧客に信頼されたのであろう。

もう一つは、数字の冷静な分析と緻密な判断である。これは数字を記憶するのと違って広範囲かつ高度な知識を必要とする。頭脳の優秀さの点では、カウフマンの方がグッドフレンドよりも上であったかもしれない。

ユダヤ人が宗教上の聖典として読む聖書は、彼らにとっては歴史書でもある。歴史書であるから、さまざまな数字があちこちに記録されている。ユダヤ人は、聖典に記録された数字だから、そこには誤りなど皆無であろうなどと盲信することをしない。彼らは聖典の数字でも正確かどうか疑って計算し、もし数字が一致しない場合は、その背後に何があるのか、なぜ不一致があるのかを分析する。

いくつかその例を紹介しよう。聖書中の「民数記」は、いきなり人口統計報告で始まり、数字のミステリーに満ちていて、とても面白い。たとえば「民数記」の1章には、次のような報告がある。

「イスラエルの中で戦争に出ることのできる二十歳以上の者は、調査では六三万三五五〇人であった」

ところが26章では、「調査されたイスラエルの息子らは、六三万一七三〇人であった」と減少している。なぜ一八二〇人も減少したのか。十戒を授かった直後に神の怒りに触れて死んだ二五〇人を差し引いても、まだ一五七〇人の不足である。

考えられ得る理由は、二つの調査が実施されるまでに経過した時間である。第1章の調査数字は、エジプト脱出直後の成人男子数である。この数字には六十歳以上の高齢の老人も含まれていた。しかし民数記26章の記録は、エジプト脱出から四十年後の記録である。その間に高齢の老人たちは世を去ってしまったのだ。26章の成人数は、エジプト脱出以後に成人になった新しい世代の兵役該当者数なのである。つまり、社会の構成員も二十代、三十代、四十代の若い世代に一新したことを示しているのである。

数字の単純な欠損に出合ったら、その背後にある原因を考えてみることだ。

表面的な数字の整合性にだまされるな

次の例は、つじつまが合っている場合だ。つじつまが合っていても疑うと、隠されていた真実が出てくる。

イスラエルの掟では、母親が初産で生んだ長男はイスラエルのどの部族の子であれ神に帰属すべきであり、神に奉仕しなければならない規定になっていた。これを「初子《うい ご》」という。預言者サムエルが一生神に奉仕したのは、その実例である。

しかし、レビ族以外のイスラエルの他の部族の長男たちは、シナイ山で黄金の子牛像を作り、これを礼拝するという事件に加担したため、神に仕える資格を汚した。そのため、彼らの代行役としてレビ族の男子全員が起用されることになった。そのことから、レビ族以外の部族は代行分の補償金を支払わねばならなかった。

「レビ族で、その氏族ごとに調査された一カ月以上の男子は総計二万二〇〇〇人であった。(中略)イスラエルの息子たちの中で、初子《うい ご》で一カ月以上の男子は総計二万二二七三人であった。(中略)イスラエルの人びとの初子は、レビ人の数を二七三人超過しているから、そのあがないのために、彼らの人数にしたがって一人あたり銀五シケル徴収せよ。[民数記3章]

ここでは、「イスラエルの人びとの長男の数が二七三人超過しているから、その分の補償金を払え」と命じている。右の民数記3章の記述だけを読むと、「レビ族の男子は二万二〇〇〇人であった」「イスラエルの長男は二万二二七三人であった」と書いてあるから、上記の要求は正当なものと思える。

だが、3章の中略部分に記載されているレビ部族の男子総数を細かく拾うと、実はゲルション家七五〇〇人、コハテ家八六〇〇人、メラリ家六二〇〇人で、合計二万二三〇〇人なのである。では、なぜレビ族の男子を二万二三〇〇人と報告せずに、二万二〇〇〇人と書いたのか。

これをラビたちは次のように説明する。掟によれば、レビ族の初子の長男も神に奉仕しなければならない義務がある。だから、そのレビ族の長男は他部族の長男の代役をできない。そこで、

〔レビ族の男子22,300人〕－〔レビ族の長男〕＝22,000人

という計算をすると、三〇〇人がレビ族の長男であったことが判明する。したがって、

〔奉仕可能なレビ族の男子22,000人〕－〔その他のイスラエル部族の長男22,273人〕＝－273人

ゆえに、不足の二七三人分の代役分を金銭で補償せよという結論になる。

他方、民数記4章に登録されているレビ族の男子で神殿の諸作業に動員されていた総数は八五八〇人である。この員数は現実に適正規模の人員であったと考えられる。

というのは、エジプト脱出後、シナイ半島の荒野の中で彼らが使用した分解可能な移動式神殿「会見の幕屋」のサイズは、東西約五〇メートル、南北二五メートル、高さ七・五メートルの幕で囲まれ、東の正門には幅も高さも一〇メートルの目隠しの幔幕《まんまく》が張ってあった。内庭の奥に幅五メートル、奥行き一五メートル、高さ五メートルの中央天幕が鎮座し、そこが神との会見の場所であった。周囲に高層建築などない荒野では、これでもすごく威圧感のある建築物であったに

相違ない。

　聖書の記述を忠実に計算すると、中央天幕は壁板五十五枚とそれを組み合わせる付属部品、およびカバーの巨大カーペット三十枚をはじめ、大小さまざまの部品一千点以上で構成されていたものと推定される。それを管理し運搬するのがレビ部族の任務であった。柱や壁板などは一人では運べないほど大きく重かったであろう。となると、レビ族の徴用男子総数八五八〇人くらいは必要だったのである。

　聖書の物語を読むと誇張された数字にも出合うが、この箇所のように現実の作業に必要な数の場合もある。具体的に事実を拾っていくと、聖書に限らず、小説にせよ歴史記録にせよ、いや空想小説の場合でも、意外と現実的な数字や現実味のある状況設定というものが浮かび上がってくる。移動式神殿が分解可能である以上に、われわれ自身の観察や思考がどう分解されるかによって、発見される世界が違ってくる。

数字の裏に隠された事実や狙いを読み取れ

　ときには、民数記7章のように各部族の長が寄進した奉納物のリストに出合う。まったく同一の奉納物のリストが十二回も延々と繰り返されている。これは、見るだけでウンザリしてしまう。ところが、ラビたちがこれを取り上げると、単調な記述の反復と見える箇所が途端に生気に満ちたドラマに一変する。冒頭の二件だけを紹介しよう。

「第一日に奉納を寄進した者は、ユダ部族のアミナダブの子ナフションであった。彼の奉納は銀の皿ひとつ、その重さは一三〇シケル。銀の鉢ひとつ、七〇シケル」
「第二日に、イッサカルの族長ツアルの子ネタニエルが寄進した。彼の奉納は銀の皿ひとつ、その重さは一三〇シケル。銀の鉢ひとつ、七〇シケル」
〔民数記7章〕

ラビたちの説明によると、ユダ部族の長ナフションは海の象徴として銀の皿を捧げた。海は神の大能のシンボルだからである。後にソロモン王が神殿を造ったとき、彼は青銅製の水盤を「海」と命名して神殿に奉納した。

なぜ、海が神の権威のシンボルなのか。ラビたちは、全世界を征服したアレキサンダー大王の故事でこの点を説明している。

アレキサンダー大王があるとき高い山から天に上り、そこから世界を見ると、世界は丸い球に見えた。それ以来、帝王は丸い球を左手に持ち、世界を手中に収めている象徴とするようになった。だが、アレキサンダーといえども海を支配できなかった。海洋をも支配できるのは神だけである。だから、ユダヤ人は神の権威のシンボルとして海に見立てた水盤を神殿に捧げるのだ、とラビたちは言う。

銀の皿は、重さ一三〇シケル（約九三六グラム）、皿の円周が三〇エッバ（約七〇センチ）、直径二〇センチほどの中ぶりの皿であった。これはとても海とは言えない大きさである。だが、へ

ブライ語の「海＝ヤミム」という単語の文字を数字に置きかえると、Yは「10」、Mは「40」となり、

YaMYM＝Y(10)＋M(40)＋Y(10)＋M(40)＝100

となる。それに円周三〇エッツバの数を合わせると、合計一三〇になる。つまり、一三〇シケルという重さの陰にも神権の象徴「海」があった、とラビは説明する。

同じ銀の皿でも、イッサカル族長の子ネタニエルが寄進した皿はトーラーの象徴として奉納された、とラビたちは考える。イッサカル族は聖典の研究に熱心であったからだ、とラビたちは説明する。この場合、皿の重さ一三〇シケルは、旧約聖書二十四巻、ミシュナ八十巻（実際は六十三巻だが、ミシュナはヘブライ語のアルファベットMに始まり、Mで終わっているので、〔40＋40＝80〕）、それにトーラーに登場する主人公たちはアダムからモーセまで二十六代で、合計〔24＋80＋26＝130〕となる。つまりトーラーの歴史を示す数字一三〇のシンボルとなる。

基本は同一であっても、意味や表現は違う。そこに数字の持つ魅力と不思議がある。

ワンパターンに見える数字であっても、その陰にはそれぞれ違った狙いや考えが秘められている。それに気づかず、外面だけを見て物事を十把ひとからげに判断してはならない。そのことを教えるために、聖書はあえて単調な事実の反復も記録しているのである。

数字の裏に秘められた意味にロマンを馳せる。数字からイマジネーションを膨らませ、仮説を立てる。そして事実で仮説を裏付け、行動に打って出る。これがビジネスの醍醐味である。

第4章

戦略力の原点を学ぶ

成否を左右する戦略発想――ヨシュアのエリコ攻略作戦

談合や癒着が戦略力を低下させる

日々のビジネス社会では、企画力と合わせて戦略力も要求される。

企画と戦略とはどう違うか。企画とは、一般的にいえば、不特定多数の相手に自分の主張や考えをどのように表現伝達するか。または、不確定要素の多い分野に自分の信念や存在を知らせるにはどのようにすればよいかを計画することである。戦略とは、攻める対象や攻め込む分野がある程度わかっており、その目標を手中に収め、支配し、勝利するための計画と決定である。

視点を変えて企画と戦略とを比較すれば、企画は自分の強みを発揮することに主眼を置く。戦略は相手の弱味を突くためにはどうするかを考える。相手を倒すためには、一瞬の隙を突き、弱点を攻める。将棋でも相撲でも、自分の弱みを相手に明かす愚か者はいない。

ビジネスも同様である。相手の弱い箇所を攻め立てるか、相手の隙を突いて形成を逆転するかである。その点では、企業買収でも、企業合併でも、本質的には強者と弱者のせめぎ合いである。不意を突かれたからといって、相手を卑怯だとなじるのは議論のすりかえである。不意を突かれた側には、戦略が欠如していたのである。日本の企業にとかく戦略が欠如しているのは、企業間のもたれ合いや、業界の談合、もしくは政財界の癒着といった慣行が優先しているからである。だが、国境を越えて世界が激突するこれからの時代においては、独自の戦略を持たない企業はどんどん廃れていく。

では、戦略力をどのようにして身につければいいのか。その基本は、自分は無力、あるいは弱者であるという自覚だ。無力で弱者な自分が強者に勝つにはどうすればいいか。そこから発想することが戦略立案の出発点である。

旧約聖書を読むと、古代イスラエルの歴史の中で優れた戦略の事例は、いずれもイスラエル人が古代の民族国家を草創しようとする時期に見受けられる。いったん国家が完成し、大国になってしまうと、優れた戦略は消失し、戦争でも外交でも後手後手に回って失敗している。

前に紹介した初代の王サウルの息子、ヨナタン王子も戦略家として優れていた。しかし、戦略家としても戦術家として最も誉れが高いのは、モーセの亡き後、イスラエル軍を率いてカナン攻略を陣頭指揮したヨシュアである。

モーセの後継者ヨシュアには、モーセのようなカリスマはなかった。彼はまたモーセのように、いざとなって神頼み式に奇跡を期待するわけにもいかなかった。ヨシュアは、緻密かつ合理的な行動の積み上げで作戦を成功に導いた。人並みはずれた合理性こそが、彼の成功の秘密であった。緻密な計画と戦略に基づいていたから、人びとの目に彼の作戦は奇跡のように見えた。

その代表例がエリコ攻撃であった。エリコは、ヨルダン川が死海へ注ぐ河口西岸に広がる平原に位置する。エリコはかつて「エデンの園か、エジプトの地のようだ」といわれるほど、緑豊かなオアシスが広がり、東西南北の交通の要衝だった。現在でも、荒涼とした死海平野の中で、ここだけは緑と木陰に包まれている。交通のみならず軍事上でも極めて重要な地点である。

紀元前十三世紀の中東国際情勢の中で、都市国家エリコの攻略こそ約束の地カナンの全土征服の突破口であった。だがエリコの町は堅固で高い城壁に囲まれ、緑の平原を見下ろす小高い丘の上にあった。

最小の投資で最大の効果をあげる

旧約聖書によれば、紀元前一二五〇年頃、ヨシュアとイスラエル軍はエリコの町を包囲した。町は城門を厳重に閉ざし、誰一人として出入りする者がなかった。そのとき、ヨシュアは部下に奇策を示した。まず聖書の記述を読んでみよう。

> ヨシュアは民に命じた、「君たちは十戒を収めたエホバの聖櫃を真ん中にして行進し、町の周囲を取り囲め」。そこで先鋒部隊が行進を始め、続いて七人の祭司たちが、カモシカの角の角笛七本をかかげ、聖櫃に先立って進み、角笛を吹き鳴らした。エホバの契約の聖櫃は彼らの後を行った。先鋒部隊は角笛を吹き鳴らす祭司たちに先立って進んだ。しんがり部隊は聖櫃の後を行った。角笛は絶え間なく鳴り響いた。

ヨシュアは民に命じた、「君たちは、わたしが叫べと命じる日まで、一言も口から言葉を発するな。君たちの声を敵に聞かすな。わたしが叫べと命じるその日には、君たちは大声で叫べ」

包囲のイスラエル軍とエホバの聖櫃は、ろうろうと角笛を吹き鳴らしながら町の周囲を一度だけ巡回し、全員無言であった。そして、そのまま町を取り囲んだ形で、町の四方にキャンプし、夜を過ごした。

第二日目も、そのように町の周囲を一度巡ってキャンプに戻った。六日の間、そのようにした。

七日目には、夜が白むと同時に行進を始め、この日だけ町を七回巡回した。七度目に、祭司たちが角笛を吹いた時、ヨシュアは民に言った、「叫べ。神エホバはこの町を君たちに与えたのだ。町は神への奉納物になる。その中にあるものはすべてエホバのものである」

そこで民は叫んだ。祭司たちは角笛を吹き鳴らした。民が角笛の音を聞くと同時に、みな大声で鬨《とき》の声をあげて叫んだ。すると城壁が崩れ落ちた。

民はそれぞれ自分の前の城壁を登って町に入り、町を攻め取った。

［ヨシュア記6章］

右の記事をもとに、ヨシュアのエリコ包囲状況を再現してみよう。

静まり返ったエリコの町の周囲をヨシュアの軍勢が包囲している。町の中の住民たちは鳴りをひそめ、ヨシュアの軍勢も息を殺し、ひたすら城外の動きに注目している。包囲軍は、物音ひとつ立てないまま、すでに城壁のすぐ近くまで接近しているが、周囲の丘の陰に隠れている部隊もあるらしく、その全体が城内から見渡せるわけではない。何事もないまま、にらみ合いの緊張が続く。頭上からは中東特有の太陽が照りつけ、眩しさに目がくらむ。

町は包囲されたまま、夜を迎える。町の外からは、依然として物音ひとつしない。無気味な静けさだ。住民は一晩、まんじりともしないまま過ごす。明け方になると、我慢の限界も過ぎていた。ついつい、みな寝入ってしまった。

すると、まだ空が白む未明に、突如として城外に角笛の音が大きく響いた。住民は眠りから叩き起こされた。城外を見ると、敵軍が隊列を組んで行進している。ブオーッ、ブオーッ、ブッブッブー、ブオーッと凄じい角笛の音が鳴り響く。

周囲が静かなだけに、その音が城壁に反響し、異常な不安感をかき立てる。よく見ると、隊列の先頭は、武装した部隊が抜き身の剣を持って行進している。その後に七本の角笛。そして金色に輝く聖櫃が通る。ああ、あの中にモーセが神エホバから伝授されたという十戒の石板が入っているのか。その後を、また武装した部隊が護衛している。隊列は長く、町を一周しても、なお余りある。隊列は城壁から百メートルほど離れて町の周囲を回っている。この距離だと、城内から弓矢を射ようにも、そこまでは届かない。最後尾が町の前を離れるまで、角笛は延々と鳴り渡った。

敵はエリコの城壁を一周すると、何事も起こさず引き上げた。あとには静けさだけが満ちた。おかしい。敵は六十万人の兵力だという。その十分の一の六万人がわれわれのエリコを攻撃するために投入されたとしても、もっと物音がしてもいいのに。この静寂は何事だ。エリコの住民たちの間には、こういう疑問が湧いてきた。その疑問を解くヒントさえ城外には見えない。

二日目も三日目も、同じように未明にけたたましい角笛の音で眠りを破られた。その後は、何事もなかった。それだけに、住民たちの不安は日増しに募っていった。一体、いつまでこれが続くのか。

もっとも、城内には一年以上の籠城に耐えるだけの食糧も水もたっぷりある。城内の一部の住民は、「敵はわれわれを攻めあぐねているのだ。持久戦になれば、奴らが負ける。どのみち雨期になれば、敵は引き上げるしかあるまい」と、早くも楽観視する者たちも出てきた。

明日は七日目。一週の七日目はイスラエル人にとっては安息日。だから、彼らは、明日は行進も騒音もしないだろう。やれやれ、明朝はゆっくり眠れそうだ。

こうエリコの住民たちが思っていた矢先、七日目の早朝、今度は前日よりも少し遅く、といっても東の天空に茜《あかね》色のあけぼのが出現した頃、また角笛の響きとともに敵の行進が始まった。やれやれ、迷惑なことだ。そう思っていたが、今度はいつまでも角笛が鳴りやまないし、行列も終わらない。三周目くらいになると、町の住民は混乱しはじめた。一体、どうなっているのだ。互いに情報交換をし、事態の把握に努めようとするのだが、さっぱり分からない。

城内では、住民のみんなが外の動きに気をとられ、城壁の上からイスラエル軍の行進を見物しているうちに、行列はいつしか七周目に入っていた。

七周目、突如としてヨシュア軍の全員がウワーッと大声で叫び、鬨の声をあげた。それと同時に、城壁の一角が崩れ落ちた。すると、ヨシュアの軍勢は、城壁が破れている箇所はもとより、城壁が崩れていない箇所をも一斉によじ登り、またたく間にエリコを陥落させてしまった。

イスラエル軍が勝ち続ける六つの秘密

ヨシュアは効果的に心理作戦を活用した。エリコの町が包囲軍の前に城門を閉ざしているとはいえ、カナン地方では屈指の有力都市国家である。城内には多量の武器と精兵が立てこもっている。簡単には攻撃できない。そこで、ヨシュアは城内の関心を外に張り付けることにした。それも未明時を狙って、彼らの不安をかき立てることに集中した。人間は変化があると、注意する。だが、変化のない状態では注意力が途切れる。早朝の鳴りものが、次にいつ起こるのか。人びとは気を休めるひまもなく、なお城外に耳をそば立てていた。しかし、いつまでたっても、日中は物音ひとつしない。夜になっても、物音ひとつしない。緊張が切れると、ひとはイライラしてくる。それは住民だけでなく、城内の兵士たちも同様だ。緊張と集中力を失えば、兵士もただの凡人になってしまう。ヨシュアは、エリコの城内のストレスが最高度に高まり、戦おうにも戦意を集中できなくさせた時点で、総攻撃をかけたのである。

全員の一斉の叫び声と角笛の響きとで城壁が崩れたというが、察するに、城内の注意を東西南北の全方向へ撹乱した時点で、城壁の最も薄い箇所から攻撃したのかもしれない。六日間、町の周囲を巡回したのは、城壁の守りの薄い箇所を探るためであったかもしれない。

あるいは、毎日同じ行事が繰り返されるにつれ、住民たちは城壁の上から、この奇妙な行列を楽しんで見物するようになっていたのかもしれない。七日目に五周も六周もした際には、皆が城壁の上から高見の見物をしていたのかもしれない。そこを狙って、あらかじめ城内に送り込んでいたスパイや同調者たちが、騒音の混乱と警備が手薄になった城門に駆け寄り、内部から城門を開いたのかもしれない。

相手が手ごわくないと思えたときは、ヨシュアは正面から正攻法で攻めた。だが、正攻法に失敗すると奇襲戦に戦略を変えた。エリコの次に攻撃をしたアイという町の場合がそうである。

ヨシュア記8章の記述によると、アイ攻略戦の際、一回目の攻撃では敵を甘く見て失敗した。そこで、二回目の攻撃では夜の間に伏兵三万を町の背後と側面に忍ばせた。翌朝、町を正面から攻撃すると見せかけて、いったん退却する。城内からアイの軍勢がこれを追って出てきた隙を突いて、伏兵に町を背後から襲撃させる。退却すると見せかけたヨシュア軍も向き直って攻撃に転じ、アイの軍隊を挟み撃ちにし、徹底的に敵を撃破した。

ヨシュア記全体を通して読むと、戦闘に際してヨシュアが示した行動は、次の六項目にまとめられよう。

（1）常識や固定観念に捉われなかった。
（2）自分が相手よりも強いと過信しているときは失敗し、自分の方が弱いと思うときは、優れた戦略を立てていた。
（3）部隊に命令が徹底していた。
（4）作戦目標が明確であった。
（5）攻略のタイミングと人間の心理をよく把握していた。
（6）総司令官のヨシュア自身が常に先頭に立って戦った。

要約すると簡単なことのようだが、実際に行動し実践するとなると、これらの六項目は、現代でもイスラエル軍の作戦の基本になっている。とりわけ指揮官は常に最前線で兵士の先頭に立ち戦っている。そこにイスラエル軍の常勝の秘密がある。

弱者が強者に勝つ戦略

――英雄ギデオンの戦略

戦いに勝利する第一条件とは

戦略ということは、計画だけではない。計画を支える要員をどう配置するかも戦略である。要員の適正規模は作戦の内容が決めるのであって、人数が作戦を決めるわけではない。聖書中の記述の中には、戦略と必要人員とを考える際にヒントになる記事が少なくない。

その一つ、英雄ギデオンの記録を読むと、戦いにせよ事業にせよ、勝利し成功する人には共通の秘密があることに気づく。

第一に、彼らは強い確信の上に仕事を始めている。

ギデオンはもともと臆病な青年であった。初めから勇猛果敢であったわけではない。当時、イスラエルの人びとは毎年、遠くアラビア半島からラクダ部隊を組んで襲撃して来る外敵ミデアンの略奪に悩まされていた。しかし、誰も敵に向かって戦おうとしない。それを見てギデオンは、自分がやらねば誰がやるという考えに次第に変わっていった。そこで、最初は恐る恐る自分の町でゲリラ戦を企て、まず異教徒の神バアルの像を引き倒し、敵の勢力を町から駆逐した。ひとつの戦いに勝利すると自信がつくばかりか、彼と志を同じくする仲間も増えはじめた。

他人の力をあてにせず、自分で起ち上がる。これが勝利する者の第一歩だ。

ギデオンの根拠地アフラは、イスラエル北部エズレル平原の中央である。この平原の西はカルメル山とハル・メギド、別名「ハルマゲドンの丘」である。北にナザレとタボル山、南にギルボア山、平原は西から東のヨルダン渓谷に向かって広くなだらかに走っており、肥沃な穀倉地帯である。ここは四千年も前からメソポタミア帝国とエジプト帝国が衝突し、アレキサンダー大王も駆け抜けた古戦場である。ギデオンが反逆したと聞いて、ミデアン軍はヨルダン川東岸から応援を募り、ギデオン潰しに乗り込んできた。

他方、ギデオンが公然とアマレクに反旗を翻したというニュースが伝わると、近隣のイスラエル諸部族からも、彼のもとに同志が続々と集まりはじめた。

イスラエル人は、現代のユダヤ人も含めて、古来、同族間でのライバル意識が強い。だから、ふだんはバラバラだ。しかし国が危ないとなると、途端に団結し、イスラエル救援に世界中から集まってくる。

成功の鍵は最後の一パーセントにある

勝利する者の第二の条件は、決戦に臨んで迷いがないことだ。

ギデオンは迷いを振り払うために、神にしるしを求めた。もし大地に広げた羊の毛の上にだけ夜露が生じていたら、神がギデオンに味方するしるしとしよう。こう神に祈った。すると、翌朝、

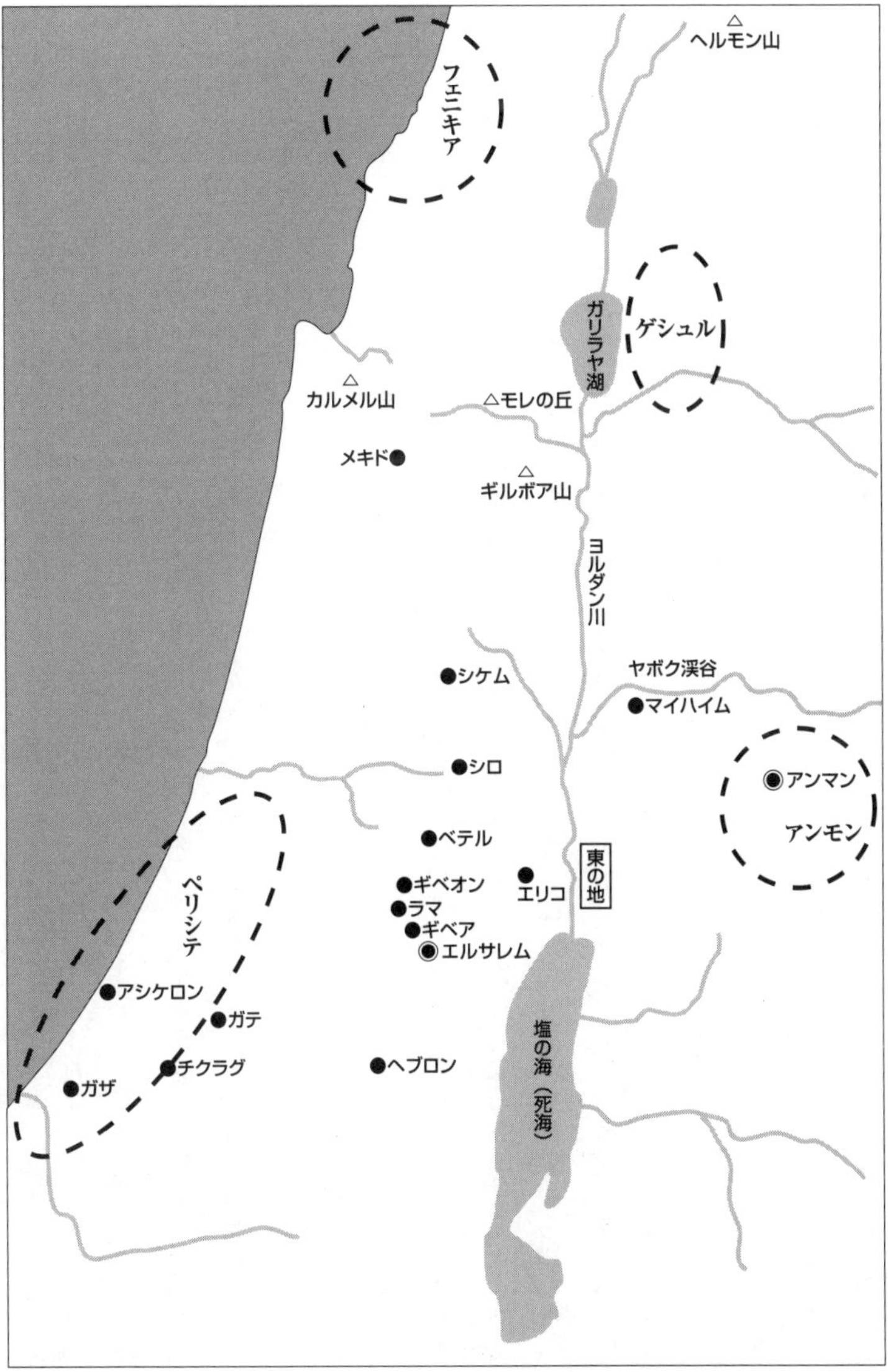
ヘルモン山
フェニキア
ゲシュル
ガリラヤ湖
カルメル山
モレの丘
メキド
ギルボア山
ヨルダン川
ヤボク渓谷
シケム
マイハイム
シロ
アンマン
アンモン
ベテル
東の地
ギベオン
エリコ
ペリシテ
ラマ
ギベア
エルサレム
アシケロン
ガテ
チクラグ
ヘブロン
ガザ
塩の海（死海）

羊の毛の上にだけ夜露が生じていた。

ギデオンが住んでいたエズレル平原も、夏は乾燥している。四月から十月までは、まず一滴の雨も降らない。地面に散水をしない限り、真夏に夜露が降りることはない。羊の毛に生じた夜露を見て、彼は大決戦に臨む覚悟ができた。ようし必ず勝利するぞ。不安を抱えて出撃したのでは、いい戦果は上げられない。不安をぬぐって、確信の上に確信して出撃する。それが決戦に勝利できる者の心得なのだ。

もっとも、この奇跡については別の見方もできる。

いかに乾燥しているイスラエルの大地とはいえ、夜間には大気の冷却により、わずかではあるが地中から蒸発する水分が地表付近の草や落ち葉の裏に結露する。中東のブドウ園では、日本のようなブドウ棚を作らない。その代わりに、ブドウの枝を地表に這わせるように育てる。これは、夜間、地中からの水分蒸発を集めるためなのである。ギデオンは、この原理を経験から知っていたのではないか。だから、あえて表面積が大きい羊の毛を地面に敷き、大量の夜露を集める公開実験をして、人びとに神の加護を信じさせたのかもしれない。そうすることによって人びとの不安を軽減し、決戦に向けて自信と勇気を持たせようとしたのかもしれない。

さて、第三の条件は、人的資源をどう活用するかである。

明日にも決戦だという時になって、ギデオンには一つの疑問が沸いてきた。彼のもとにはイスラエル各地から三万二千人の味方が集まっていた。この兵力をどう使えばよいのか。この疑問に対して、聖書は次のように語っている。

さてギデオンおよび彼とともにいたすべての民は朝早く起き、ハロデの泉に陣を取った。ミデアンの陣地は、平原を挟んで北方モレの丘の麓にあった。

神エホバはギデオンに言った、「わたしがミデアンを、おまえとともにおる民の手に渡すには、民が多すぎる。勝利したあかつきに、イスラエルの民は、『私の手で自分を救った』と自慢しかねない。だから、いま民の耳に告示せよ、『誰でも恐れおののく者は帰れ。ギルボアの山から去れ』と」

この結果、二万二千人が帰り、一万人が残った。

エホバはギデオンに言った、「民は、なおも多い。彼らを水際に下がらせろ。犬が水をなめるように舌で水をなめる者と、かがんで水を手ですくって飲む者とを分けよ」

手を口にあてて水をなめた者は、全体のうちわずか三百人であった。神はギデオンに言った、「わたしは水をなめた三百人によって、おまえたちを勝利させる。あとの者たちは、おのおの自宅へ帰らせろ」

その夜、ギデオンは三百人を三組に分け、全員の手に角笛と、空《から》の壺と、壺の中に入れた松明《たいまつ》を与えた。ギデオンは彼らに言った、「私から目を離すな。敵の陣地の端に来たとき、君たちは私の行う通りに行え。私と一緒の者が角笛を吹くと、君たちも敵陣の四方から角笛を吹け。そして、『エホバのため！　ギデオンのため！』と言え」
ギデオンと彼と一緒の百人が敵陣の端に来たのは、夜半過ぎ、夜警交替の時刻であった。そのときギデオンが角笛を吹き、手にしていた壺を砕いた。三つに分かれた全部隊が一斉に角笛を吹き、壺を割り、左手に松明を高々と掲げ、そして叫んだ、「剣はエホバのためとギデオンのため！」
暗闇の中に突如として浮かびあがった松明の火と角笛の音に、敵軍はみな驚き、あわてふためいて逃げはじめた。三百の角笛の響きに敵軍全体が同士討ちを始め、東方へ敗走した。

［士師記7章］

חד המקרא בסדר המוקדמים והמאוחרים כלוס: כרה אלהים. ולא

三万二千人の兵力があれば、ギデオンは容易に敵ミデアンに圧勝できるようにも見える。しかし、もし簡単に勝利した場合、一つの問題が予想された。人びとが自分たちの力だけで勝利したのだと傲慢になる危険性がある。

人びとが自信を持つことは、大いに喜ぶべきである。しかし勝利に酔いしれて、自己過信に陥れば将来への禍根を残すことになりかねない。なぜなら、自己過信とはギデオンが否定したバアル礼拝と同じく、形を変えた偶像崇拝である。その傲慢は、いずれ自分たちの足元をすくう原因になりかねない。

こう考えると、少数精鋭だけで戦う方が得策であるように思えた。だが、彼が三万二千の兵員に躊躇する理由は、まだ他にも考えられる。ギデオンには三万二千人の大軍を指揮した経験がなかったことである。

どうすれば、そのような大軍を指揮できるのか。味方が大勢いるに越したことはないが、烏合の衆の三万二千人では、かえって始末に悪い。もし指揮命令に誤りや行き違いがでれば、全軍の混乱は必至である。

勝利するためには兵力の一定量も必要であろう。だが、それ以上に、兵力の質、わけても戦いに臨む兵士自身の態度と注意力が肝心なのである。

決戦のために集まっていた兵士三万二千人に、神エホバが「決戦に出るのが怖いと思う者は帰ってよろしい」と帰宅を許したのは、ほかでもないギデオン自身が考えた選別法であった。三万二千人も応募してきたというが、なかには出陣しないと周囲の目がうるさいからと志願した者もいる。「司令官の立場から見ると、戦闘意欲が欠けた状態で参加されても困る。やる気がない者をどれだけ集めても、戦力にはならないばかりか、戦闘の邪魔になる。

次に泉の水を飲ませて、その飲み方の態度を見て、犬が水を飲むような無防備で油断がある者を帰した。警戒怠りない三百人だけで決戦に臨むことにした。よく成功の鍵は最後の一パーセントだという。それならば、初めから最強最上の兵士一パーセントだけで戦う方が賢明なのだ。

少数精鋭の有効性を示すギデオンの方法

最後にギデオンは敵への夜襲を決行した。暗闇であれば、こちらの人数や配置を敵方に知られないで済む。暗闇に突如、輝き出た松明の数々。しかも無数の角笛がブオーッ、ブオーッ、ブオーッと鳴り響き、敵軍は大混乱に陥ってしまった。

大軍で敵の大軍を蹴散らすよりも、敵に相討ちさせる方がずっと効果的だ。ギデオン側は少数であるから、味方同士お互いの認識も確実で、行動に無駄がない。ミデアン軍は大軍であったために、夜間、味方同士の認識がすぐにはできず、それがまた同士討ちの原因にもなった。

こうしてギデオンは三百人の少数で敵ミデアンを大敗させ、大勝利をあげた。

敵が兵力的にも物量的にも多いからといって、それに対抗する数量を確保すれば自軍が勝利できるというものではない。それでは、かえって混乱する。ギデオンの物語は、敵の百分の一の兵力でも勝利できることを示している。

これは軍隊が出動する戦争だけのことではない。大企業病を予防するためにも、プロジェクトごとに少数精鋭で活動する方がずっと効率がよい。初めから少ない資源で勝つにはどうするかを考える。それこそが、すべてのプロジェクト戦略の出発点なのである。

ちなみに、よくホテルなどの机の引き出しの中に聖書が置いてあるが、あれはギデオン聖書協会からの提供品である。英雄ギデオンにちなんで、聖書の普及に努めている国際的団体である。

戦略はどこに狙いをつけるか

――ダビデとゴリアテ

巨大な敵を倒すダビデの戦略

ゴリアテとダビデの物語は、コンピュータ業界でよく話題となった。メインフレーム（大型汎用機）の全盛期、ＩＢＭは巨人ゴリアテにたとえられ、この巨人による独占体制を倒したのがダビデの投げた小石、つまりパソコンだったというわけだ。

ビジネスにおいても戦争においても、戦略なしでは勝利できない。

戦略を立てる際には、次の二点を考えなければならない。第一に、相手は自分よりも強いのか、弱いのか。第二に、相手の状況を自分はよく把握しているのか、把握していないのか。もし不明な点があるとすれば、何が不明なのか。この二点をベースにして戦略を組み立てなければならない。だが、それは自分だけの立場から考えての、つまり自分中心の判断であってはならない。

立場を逆にした場合、相手から見てこちらは強いと思われているのか、弱いと思われているのか。相手はこちらのことをよく知っているのか、それとも相手はこちらのことを何も知らないのか。戦略が成功するかどうかは、むしろこの点の点検にかかっている。

相手がこちらを強いと思っている点は何か。そのことに関して、相手はどのような攻撃を準備するだろうか。相手がこちらを弱いと思っているとすれば、どのような点で弱いと思っているのか。それに対して、こちらはどのように切り返せばよいか。こちらの優位性は、どこにあるのか。その優位なものを戦略武器として使えるか。使うにはどうするか。

営業でもマーケティングでも、戦略発想の原点はここにある。

見かけは弱小でも、戦略次第で強大な敵を倒すことができる。その一例に、イスラエルの不滅の英雄ダビデがいる。読者は、ミケランジェロの彫刻の一つ、ダビデ像をご存知であろう。あれは少年ダビデが敵の大将・巨人ゴリアテを、小石をつかんで今まさに撃ち倒そうとする場面の姿である。

ダビデが選んだ〝破常識〟の方法

今から三千年の昔、当時のイスラエルの民はエーゲ海から侵攻して来たペリシテ人に悩まされていた。彼らは青銅の鎧《よろい》、鉄の刀と槍で武装していた。一方、イスラエル側はせいぜい弓矢と棍棒しかない貧弱な武装。この構図を逆転させると、現代のイスラエル軍とパレスチナ民兵との構図になろうか。

ペリシテ軍の強大な武力には、当時のイスラエル勢は手も足も出ない。イスラエル側の唯一の有利点といえば、彼らが高地に住んでいることだけであった。一方、ペリシテ軍は平地の戦闘が得意で、山岳地帯の戦闘は不得手であった。それでもペリシテ軍は山岳地帯まで攻め上り、イスラエル人に降伏を要求した。

両軍は今日のエルサレム鉄道駅の近くでにらみ合い、戦闘が膠着状態になった。そのとき、ペリシテの大将ゴリアテは、両軍の代表による一騎討ちを提案してきた。負けた側は無条件で全面降伏する。それでどうだ。もちろん、ペリシテ側の代表はゴリアテだ。身長三メートルもある。彼を見て、イスラエル側は怖じ気づいた。イスラエル側からは、誰も一騎討ちに名乗り上げない。両軍にらみ合ったまま、四十日が過ぎた。

そのとき、歴史の舞台に突如登場したのが少年ダビデであった。彼は八人きょうだいの末っ子。当時、上の兄三人だけが戦場に赴いていた。古代イスラエルでは、二十歳以上の男子に従軍義務があった。ということは、ダビデはまだ十五歳前後だったのかもしれない。

彼は父に頼まれて陣中の兄たちを見舞いに来た。そこで敵の猛将ゴリアテを目撃した。いや、巨人の前に怖じ気すくんでいる同胞を見た。彼は大胆にもゴリアテとの決闘を国王サウルに名乗り出た。


ダビデはサウルに言った、「僕が行ってあのペリシテ人と戦います」

サウルはダビデに言った、「行ってあのペリシテ人と戦うことはできない、君は年少だ。彼は若い時から軍人だ」

しかしダビデはサウルに言った、「僕は父の羊を飼っています。ライオンや熊が現われて群れの小羊を取った時、僕はその後を追って、これを撃ち、小羊をその口から救い出しました。獣が僕に飛びかかってきた時は、髭をつかまえて、それを撃ち殺しました。僕はすでにライオンと熊を殺しました。この異教徒のペリシテ人は、あの獣の一匹のようになるでしょう。僕をライオンの爪、熊の爪から勝利させてくださった神エホバが、このペリシテ人の手からも勝利させてくださるでしょう」

「では、行け。どうぞ神が君と一緒におられるように」

こう言って、サウルは自分の軍服をダビデに着せ、青銅の兜をその頭にかぶらせ、また、鎖かたびらを着せ、剣を帯びさせた。だが、ダビデはそれを試したことがなかったので歩けなかった。

ダビデは、それを脱ぎすて、手に杖を取り、谷川から滑らかな石五個を選び取り、持っている羊飼いの道具袋に入れ、手に石投げを持ち、あのペリシテ人に近づいた。

ゴリアテはゆっくりと歩き出し、ダビデに近づいた。彼の盾を持つ護衛が彼の前にいた。ゴリアテはダビデを睨んだ。だが、彼はダビデを侮った。ダビデが若者で、赤毛の美少年にすぎなかったからだ。

ゴリアテはダビデに言った、「俺は犬なのか。おまえは杖を持って俺の方へ向かって来る。さあ、俺に向かってこい。おまえの肉を、空の鳥、野の獣の餌食にしてやる」

ダビデは彼に言った、「おまえは剣と、槍と、投げ槍でわたしに向かってくるが、私は万軍の神エホバの名、おまえが侮辱したイスラエルの軍の神の名のもとに、おまえの方へ行く。今日エホバは、私の手でおまえを地獄に閉じ込めてしまう。私はおまえを殺し、首を刎《は》ねる。そればかりではない。ペリシテ軍の屍体を空の鳥、地の野獣の餌食にする。その結果、全地はイスラエルに神が味方していることを知る。神はおまえたちを私の手に与えられるのだ」

ダビデがこう宣言し終わると同時に、ゴリアテは立ち上がり、ダビデに向かって攻撃してきた。ダビデもすぐにゴリアテに向かって決闘場のまん中へ走って出た。

ダビデは手を道具袋に伸ばし、中から石を取り、紐の先に布をつけた石投げに挟み、それを力一杯ぐるぐる回し、ゴリアテ目がけて石を投げた。石はゴリアテの額に命中した。石は彼の額に突き刺さり、彼は顔面から大地に倒れた。ダビデは走り寄ってゴリアテの上に乗り、彼の剣を取って、その首を刎ねた。

[サムエル記上巻17章]

巨大企業が崩壊する原因

戦争のプロに、負けると分かって挑戦する者は誰もいない。というよりも、戦争の定石や常識で戦おうとするから、敗北必至としか見えない。そうなると、敵を倒すための別の知恵を働かすことができない。

ダビデにとっては、戦場に足を踏み入れるのは初めてであった。彼には戦争の常識がなかった。だから、一騎討ちといっても、弓矢や槍、刀で戦わねばならないとは考えなかった。どの道具で敵を倒せばいいか。それには自分が使い慣れた道具がいい。

ダビデが選んだ道具は、羊飼い用の杖と手製の石投げ、つまりパチンコ（昔の子どもの遊び道具）であった。彼は、これを使って羊の群れを襲うライオンやクマを殺した経験があった。ダビデは敵将ゴリアテを敵と見なすのではなく、ライオンやクマと同じ獣だと思って挑み、小石一発で巨人ゴリアテを倒してしまった。

ゴリアテは得意の武力と腕力、そして戦争の常識に縛られていた。それが彼の敗因だったのである。巨人になればなるほど、自分を過信し、自分だけの常識で世界を征服できると思う。そのことが、自分の足元を狂わせていることにも気づかない。国家も企業も、巨大になりすぎて知恵が回らなくなったとき、または過去の成功体験に囚われて新しいアイデアが出なくなったとき、終焉を迎える。

巨大化した古代ローマ帝国は、内部の分裂と辺境の造反によって崩壊した。二十世紀に大衆車時代をもたらしたフォード社は、T型フォード一五〇〇万台の成功に酔いしれているうちに、GMのカラフルなシボレーK型にトップシェアを奪われた。

これからの時代にどう生きるか。それには強者の後追いをするのではなく、弱者の知恵を働かすことだ。ユダヤの諺に言う。「自分が強いと思う者はつまずく。足が弱い者は転ばない」と。

第5章

危機対応力を身につける

危機のリーダーシップ学――ギデオンの迷いと決断

リスクは外部より内部から生じる

企業経営においても、国家経営においても危機は外部からやって来るのではない。内部からやって来る。それも繁栄に安住し、外部への警戒を怠り、組織のメンバーの規律がゆるんできたときにである。

たとえば、北朝鮮の核兵器開発とミサイル問題がそうだ。最貧国の一つ北朝鮮にミサイルなど開発できる国富も技術もないと、一九七〇年代に日本がタカを括《くく》っている間に、北朝鮮はミサイルを開発しはじめた。これが中距離ミサイル「ノドン」となり、一九九〇年に大陸間弾道ミサイル「テポドン」開発を始めた。また八〇年代から密かに核開発を進めているとの情報がありながら、日本政府はなんら積極的に対応策を講じなかった。

中国が東シナ海で資源調査や掘削をしている情報にも目をつぶってきた。ガス田が日本の領海内に及んでいるというのであれば、日本も主権を行使して海底資源調査をすべきであった。それを怠っていて、今になって騒ぎ立てるのでは遅すぎる。そもそも両国間の国境確定さえしていないのだ。日本の怠慢が、日本の国益を損なっているのだ。

誰であれ、事を荒立ててまで事態を解決したいわけではない。だからこそ、解決が放置され、危機が拡大していく。事を荒立てまいと放置することは、外交の基本であってはならない。

それにしても、こういう緊迫した危急の事態を乗り切るためには、毅然とした態度のリーダーを必要とする。では、どうすれば危機に対応できるリーダーになれるのか。

そのノウハウを教えてくれるのが、古代イスラエルの英雄のひとりギデオンが登場したときの物語だ。当時、イスラエルは七年にわたって毎年、砂漠の民ミデアン人の襲撃と大量略奪に泣いていた。略奪されるようになったのは、イスラエルが繁栄し、なおかつ国防をおろそかにしていたからである。麦の収穫も終わった初夏になると、ミデアン人の部隊が大挙して押しかけ、作物も家畜もまるごと奪っていった。人びとはミデアン人の目を恐れ、洞窟を掘って、辛うじて残った作物をそこに隠すありさまであった。

ギデオンは臆病な青年であった。彼は敵の目を隠れ、ワイン搾り用に岩山をくり抜いて作ったブドウ酒醸造用倉庫の中で麦の脱穀をしていた。伝説によると、そのときギデオンの前に突然天使が現われ、国を救うために立ち上がれと告げた。聖書はその情景を次のように語っている。

גלוס: כרח חלביוס.ולח

天使が言った、「神エホバがあなたと共にいるぞ、力の勇士よ」。ギデオンは、相手が天使だとは気づかずに反論した、「ああ、旦那さま、エホバがわれわれと共にいるのなら、何故このような目にわれわれは遭うのですか。どうして奇跡が起きないのですか。われわれの先祖は、神に導かれてエジプトから脱出したと語っていましたのに、いま神はわれわれを捨て、敵ミデアンに翻弄されているではありませんか」

神は彼に向き直って言った、「おまえはおまえのこの力で歩め。ミデアンの手からイスラエルを救え。わたしがおまえを遣わすのだぞ」

［士師記6章］

ギデオンは、敵の目を隠れ、ワイン作りの酒樽の中で麦の脱穀をしながら考えた。「皆がこんなに敵を恐れて、びくびくしながら過ごしていいはずがない。誰か思い切ってミデアン人と戦う人物が現われてもいいのに。誰も名乗り出ないというのは不甲斐ない」

イスラエルの十二部族の中のマナセ族の名門の一員として、彼はそう思っていた。他方、そのような大役をこなせるのは誰か名のある実力者がやるべきであって、自分のように無力な若者ではないと、ギデオンは傍観者を決め込んでいた。自分はまだ年も若く、人生経験も実力もない。自分が何か出来るわけでない。だが、みんなが問題から逃げ隠れしているだけでは、いつまでも解決は来ない。問題と正面から取り組むことこそ、最善の解決へと続く。

そこに天の声が響いたのである。「おまえは大勇士だ。おまえがミデアンから国を救え」と。天の声とはいうが、それはむしろ彼自身の内側に湧き起こった使命感であった。周囲の大人たちはミデアンに略奪されるまま何も対策を打ち出さず、事なかれ主義になっている。それを見るにつけ、ギデオンは、何もしないでいるよりは、自分がこの課題に挑戦してみようと考えはじめたのであろう。

しかし、危機に向かって歩み出そうとする者の心は右に左に揺れる。自分がやらねば誰がやるだろうかと自分自身を駆り立てたい半面、自分のように無力な者に果たして可能なことだろうかと心が怯《ひる》む。

使命が大きければ大きいほど、任務が重大であれば重大であるほど、一歩踏み出すことをためらう。それが当然なのだ。危機を救うべきかどうかと悩むギデオンに、再度、声が響いた。

「おまえはおまえの力を信じて歩め」

たとえ神がおまえを遣わすのだと言っても、自分自身の力を信じない者には、神も助けようがない。神は、いわゆる自信家や世の実力者を起用しない。重大な任務を命じられて何のためらいもなくこれを引き受けるとすれば、それは自信過剰であり、むしろ失敗の確率の方が高い。

危機に対応するリーダーが最初にすること

では、どうすれば自分の力を信じられるようになるか。

ギデオンは言った、「ああ、神エホバよ、一体、どうして私がイスラエルを救うのですか。私の一族はイスラエルの十二部族の中では傍系のマナセ部族です。その中でも最も貧しい。それに、私はまた家族の中で最も若いのです。どうして、そのようなことが出来ましょう」

神は言った、「しかし、わたしがおまえと共にいるから、人ひとりのようにミデアンを撃てるのだ」

［士師記6章］

自信がないのは、自分一人だと思うからである。そこで神は再度「わたしがおまえと共にいるから安心しろ」と保証した。神がわれらと一緒にいるということを、ヘブライ語では「イマヌエル」という。これを日本語に訳せば、四国の霊場八十八ケ所を巡礼するお遍路さんたちが身にまとっている護符「同行二人《どうぎょうににん》」ということになる。こちらは弘法大師と一緒に巡礼をするのだから、旅の難所も恐れないで続けようという意味である。

人間は弱い存在である。だから、人間の能力を超える絶対的な存在者に祈る。己れの弱さを認めるその謙遜が、次の舞台で勇気の源泉となる。そこで、ギデオンは神に祈った。

「神よ、私に力を与えたまえ。常に私と一緒にいて助けたまえ。もし私が力強い勇士となれるのであれば、せめてあなたのお恵みを私に与え、その保証のしるしを見せたまえ」

そう言って、ギデオンはいったん家に帰り、子ヤギを料理し、パンと肉とスープを持って天使のもとに戻ってきた。すると天使が彼に言った、「肉とパンをこの岩の上に置き、それにスープを注げ」。彼が命じられた通りにすると、天使は杖の先で肉とパンに触った。その瞬間、岩から火が燃え上がり、肉とパンとを焼き尽くした。同時に、天使は彼の視界から去った。ギデオンはその人が天使であったと悟った。

祈りは、ひとに力を湧かす。祈りは、ひとに勇気と平安を授ける。もし使命を前にして自信がないのであれば、心から神に祈ってみるがよい。あるいは、仏に願をかけてみるがよい。そうすると、意外と心が落ち着き、目標に向かって挑戦する勇気が湧いてくるものである。

翌日の夜、ギデオンはミデアン人と決戦する意志を明らかにするために、下男十人を連れて町の広場に行き、広場の中央にある偶像バアル神の祭壇と隣りのアシラ神像を打ち壊した。これらは、敵ミデアンがイスラエル人に対する支配のしるしに町に残していったシンボルだった。しかも、それらはギデオンの父親がミデアン人から管理責任を負わされていた。

危機に対応しようとするリーダーに必要なのは、外敵に対しての毅然たる態度と、外敵と戦う決意を内部に対して行動で示すことである。ギデオンは敵のシンボルを撤去することにより、内外に対して公然と自分が決起することを示したのである。

不可能を可能にする行動学

危機に対応するリーダーは、問題を直視することから始める。社会全体または組織全体の将来のことを考えて現状を憂える。たとえ自分には危機に対応する力がないことを知っていても、自分をはるかに超える大きな力が支援していることを信じて行動する。危機に遭遇することなく成功した人はいない。危機を克服することが自分の使命だと考える人に、道は開ける。

たとえば、ヨネックスの創業者・米山稔氏は、製品の納入先が倒産したとき、自社ブランドのラケット生産が自分の活路だと信じてゼロから自社の販売網を開拓した。ところが、二年目に本社工場が火災で全焼した。彼は真っ先に隣り近所にお詫びし、警察署、消防署にお詫びに行き、その足で在庫量を計算した。在庫が七日分あった。ということは、七日以内に工場を再開すれば、在庫を途切れさせずにブランドを維持できる。そこで、三日で工場を再建しようと決心した。出来ないはずはない。そう思うと、どん底の中から光明が見えてきた。そして焼け跡に二日間で仮工場を建て、三日で機械を設置し、四日目から工場を再開した。

出火原因は原料の安全管理ミスであった。当時、業績が好調だっただけに、内部の安全と規律徹底がおろそかになっていたのである。危機の芽は社内にあったのである。

自分が潰れれば、類焼した隣り近所に補償金を払えない。取引先にも迷惑をかけるし、全国のお客さまにも迷惑をかける。そうであってはならない。だから早急に復旧するのだという固い決意が奇跡を可能にした。これが今日の総合スポーツ用具メーカー、ヨネックスの発展の基盤となった。

戦うリーダーの在り方とは――四面楚歌のダビデ

賢人といえども時間と災難を防ぐことは出来ない

危機は内部から到来する。しかし災難は外から降ってくる。危機に対しては万全の備えが出来ても、突然襲ってくる災難に対しては予想内というわけにはいかない。ユダヤのことわざは言う、「賢人といえども時間と災難を防ぐことは出来ない」と。時間は刻々到来し、刻々過ぎ去っていく。誰もこれを止めることは出来ない。同様に、災害や災難の到来も、人は止めることが出来ない。ただ過ぎ去るのを待つのみだ。

しかし、災難や災害が過ぎ去った後、どう日常生活を取り戻すかが問われる。

そういう場合のリーダーの取るべき態度について、少なからずヒントを与えてくれるのが、ユダヤ人の最も敬愛するダビデの逸話である。

ある時期、ダビデは主君サウル王から命を狙われ、やむなくイスラエルの宿敵ペリシテの側に亡命していた。そこにイスラエルとペリシテとの間で戦争となり、彼は部下六百人と一緒にペリシテ軍の傭兵として北方へ出陣し、三日以上も町を留守にした。

その間に、南の荒野の彼方からアマレク族が大挙してダビデの住む町を襲い、部下たちの家畜も財産も妻子も、ことごとく略奪し去った。しかも町は焼き払われていた。廃虚となった町を見たとき、ダビデも部下たちも男泣きに泣いた。愛する家族が連れ去られたことが一番ショックであった。ダビデの二人の妻も連れ去られてしまっていた。

家族も財産も奪われてしまって、人は何のために生きていくのかと落胆する。生き甲斐さえも失ってしまう。大水害や大地震であれば、まだ諦めもつく。しかし、人災となるとそうはいかない。恨みつらみの鉾先がリーダーに向けられる。

部下たちはダビデの責任を追及するどころか、ダビデを裏切る相談を始めた。

「こんな不幸が降りかかってきたのは、ダビデのせいだ。彼がペリシテ側へ亡命したのはいいとしても、何もペリシテ軍に付き従って対イスラエル戦争にまで参加することはなかったのではないか。いま彼を殺せば、われわれはイスラエルへ戻れる。そうだ、ダビデを殺して、われわれはイスラエルへ戻ろう」

危機に際しては自分の不安と部下の不信を消せ

孤立無縁のダビデは、どう行動したか。テキストを読んでみよう。

ダビデは非常に悩んだ。部下がみな各々その捕虜になった息子、娘について心を痛め、ダビデを石で殺そうと言ったからである。

しかしダビデは、彼の神エホバによって自分を力づけた。ダビデは祭司アビヤタルに、神意を占う道具エポデを自分のところに持ってこさせ、神に尋ねた、「私はこの軍隊の後を追うべきですか。私はそれに追いつきますか」
エホバは彼に言った、「追え。おまえは必ず追いつき、確実に救い出すことができる」
〔サムエル記上巻30章〕

窮地に立たされて、その危機を脱出するためにダビデが選んだ方法は、まず自分を励ますことであった。聖書は言う、「しかしダビデは彼の神エホバによって自分を力づけた」と。

具体的には、彼は神の神託を仰いだ。この箇所の日本語訳は普通、「ダビデはエホバに伺いを立てた、『私はこの軍隊の後を追うべきですか。私はそれに追いつきますか』」となっている。ヘブライ語の原文は少しニュアンスが違う。直訳すると、「私はやつらの軍勢の後を追います。さて、私はそれに追いつけるでしょうか」である。

四面楚歌で窮地に陥ったが、ダビデは、「私はやつらを追撃することにした」と神に対しても部下に対しても宣言したのである。自ら明確な目標を立てることによって、自身の不安と部下の不信を振り払ったのである。目標に向かって果敢に行動する者を、神も運命も見捨てないからである。彼に読めなかったのは、敵に追いつけるかどうかだけであった。だから、彼が神に訊ねたのは、「私は追いつけるでしょうか」の一点であった。

だが、自信を回復した者には天も味方する。「天は自ら助ける者を助ける」というが、その原型はユダヤのことわざ、「助ける価値のある者しか天は助けない」に遡る。

ダビデに対する神エホバからの回答を原文で読むと、「追え。なぜならば、おまえは奪還し、救出に救出できるからだ」である。予想を大きく超え、実に積極的な神託が下った。この神託に励まされて、ダビデは直ちにアマレクの追撃に出発した。

ここで注目したい点は、真に窮地を脱するリーダーは戦争や戦闘そのものを目的としていないということである。ダビデは愛する妻子を奪還するために戦ったのであって、それ以外の無用な戦争を望んでいたわけではなかった。

だからダビデは、「勝てるでしょうか」とは訊ねなかった。追撃する者は、勝利は自明のこととして追撃する。追いつきさえすれば、勝利は自分で掌中に収められる。そして目的も達成できる。だから、追いつけるかどうかだけを神に尋ねた。他方、食らいついてでも目標を達しようと決心している者に対しては、神も「おまえは追いつけない」とは答えない。

途中、疲れきった者二百人を残して、元気な四百人だけでさらに敵を追い、ついにアマレクに追いつき、全財産はもとより、無事に妻子家族ら全員を敵の手から奪還することに、ダビデは成功する。

成功するために何をすべきかだけを考える

窮地に立ったとき、リーダーは成功するか失敗するかを考えてはならない。成功することだけを考え、成功するためには何をなすべきかだけを考える。明確な目標に向かって毅然と行動するリーダーに対しては、九九%のマイナス要因もプラス要因へと転じる。不可能も可能になる。

戦前つぶれかかっていた日活の経営を引き受け、当時、日本ではまだ誰も手を出していなかったトーキー映画を始め、みごとに再生させたのは社長の堀久作であった。彼は、映画産業に理解を示さない大蔵省幹部に、産業としての映画事業の重要性を説き続けた。戦後は、駐留アメリカ軍の駐車場であった東京の日比谷に国際会館を建設し、日比谷を国際的ビジネスセンターに変貌させた。

堀久作はビジネス成功の秘訣を、次のように語っている。

「世の中では、一万円必要なときに、あと千円足りないで失敗する。わたしの場合は一万円欲しいときに九千円足りなかった。最初から不足だから、必ず作ってみせるぞと勇気が湧き、しかも、時代の最先端を行くいいものを作ってみせた。金を借りて悪いものを作ったのでは回収ができない。二つとない良いものを作る。これが事業成功の秘訣である」

責任をどうとらえるか

――カインとアベル

責任とは義務の同義語

聖書の中で、責任と義務、不祥事と処罰・追放を考えさせる最初のケース・スタディは、アダムとイブの楽園追放である。次は、アダムの長男カインが弟アベルを殺した事件である。有島武郎の小説『カインの末裔』やアメリカ映画『エデンの東』は、どちらも聖書のカイン物語をヒントにしている。

ビジネスにおいては、どのような仕事であれ自分の任務を遂行する責任が問われる。

日本の企業では、不祥事が起きるとトップが責任を取って辞任する。日本語では、しばしば責任とは辞任の同義語であり、体裁のいい処罰に他ならない。責任を持つという表現と、責任を取るという表現の境界が曖昧である。

英語には、「責任を取る」という表現はない。せいぜい「責任から外される」、つまり解任、もしくは追放である。あるいは「辞任させられた」と本人の不本意性を表現に込める。欧米では、責任とは義務の同義語である。

アベルは家畜の牧者となり、カインは大地を耕す者となった。一年の終わりに、カインは地の産物を持ってきて、神に供え物とした。アベルは、その群れの初子《ういご》と肥えたものとを持ってきた。神はアベルとその供え物を顧みた。カインとその供え物とを顧みなかったので、カインは大いに憤って、顔を伏せた。

エホバはカインに言った、「なぜおまえは憤るのか。なぜおまえは顔を伏せるのか。もし正しいことをしているのであれば、顔を上げよ。もし正しいことをしていないのならば、責任はおまえにある。おまえは自分でそれを処置しなければならない」

カインは弟アベルに言った、「さあ、野原へ行こう」。彼らが野にいたとき、カインは弟アベルに立ち向かって、これを殺した。

エホバはカインに言った、「おまえの弟アベルはどこにいるか」

カインは答えた、「知りません。私は弟の番人でしょうか」

エホバは言った、「おまえは何をしたのだ。おまえの弟の血が大地の中から、わたしを呼び続けているぞ。今やおまえは、この大地から呪われた。この大地が口をあけて、おまえの手から弟の血を受け取ったからだ。おまえがこの大地を耕しても、土地はその力をおまえに与え続けることはない。おまえは地上の逃亡者、放浪者とならねばならぬ」

カインはエホバに言った、「私は負うには重すぎる咎《とが》を犯した。であるのに、見よ、あなたは今日、この大地のおもてから私を追放した。私はあなたの前を離れて地上の逃亡者、放浪者となる。そして、私を見つける人は誰でも私を殺すでしょう」
エホバはカインに言った、「いや、誰であれカインを殺す者は七倍の報復を受ける」。そう言って、エホバはカインの額に×印をつけ、誰であれ彼を見つける者が彼を撃たないようにした。カインはエホバの前から出て、エデンの東のノドの地に住んだ。〔創世記4章〕

この物語の主人公たち、人類の始祖アダムとイブ、そしてカインとアベルの四人は理想的家族であった。母親は信心深いし、父親は額に汗をして勤勉に仕事をする。だが、理想的であることが、イコール最上の現実となるとは限らない。

カインとアベルの兄弟関係がこじれた最初の原因は、二人の間の身分の相違であったと考えられる。職業に貴賎はないというが、古代のメソポタミアでは、「土を耕す者」というのは富裕な地主階級の代名詞であった。「羊飼い」というのは、一般的には羊飼いは貧乏人の代名詞であった。金持ちの地主から羊を預かって、それを原野で放牧して殖やし、殖えた分の中から通常二〇%を一年分の労働の報酬としてもらって生活していた。しかし羊に事故があれば、羊飼いが弁償しなければならなかった。

カインは長男であったから、土地を耕す権利を父アダムから譲り受けていたのであろう。弟アベルは、兄の羊を育てて生活していたのであろう。

秋の収穫時期がきて、二人はそれぞれ自分の収穫物の中から神へ供え物を捧げた。ところが弟アベルの供え物だけを神は喜び、兄カインの供え物をそれほど評価しなかった。

なぜなら、アベルは初子を供えたからである。若い牝羊が最初に出産した子羊である。羊や山羊は一年に一頭しか子供を生まない。その初物を供えたという点で一般の農産物とは価値が違う。アベルが羊飼いの報酬として受け取った子羊の数は不明だが、せいぜい数頭から十頭くらいであっただろう。神に捧げるのだから、その中のいちばん肥え太った子羊を供え物にした。

ところが、カインが供えた物は「地の産物」とあるが、原文を直訳すると、「大地の実」である。彼の供え物はその年の収穫物であった。量的には、弟のものよりもはるかに多かったかもしれない。だが、初物と比較すると特別に上等な供え物ではなかったのだ。アベルの供え物のように、心がこもった供え物ではなかった。だから、神が顧みなかった。

これをビジネス社会に置き換えると、カインはさしずめ大企業の農産品事業部長、アベルは零細下請け業者である。年度末の業績達成祝賀会に、カインは自社農場のカボチャやリンゴを景品として持ってきた。アベルは乏しい自分のポケットマネーをはたいて、極上の日本酒四斗樽や新米五〇キロを寄贈した。どちらが祝賀会の参加者に歓迎されたかは言うまでもない。

カインは面目を台無しにされて、「しまった!」と思った。だが、もう遅い。彼はムッとなって怒りを顔面に表わした。そしてカインは怒って、プイと外に飛び出した。

神がどちらを顧みるかは神の問題であって、カインが評定することではない。カインが長男だからといって、神がその序列を考慮するだろうと思うのはカインの思い上がりだ。自分が悪くないと思うのであれば、カインは何も憤激する必要はない。堂々としていればよい。だが、堂々とできないというのであれば、それはカインの心の中の問題だ。

思えば、ライブドアの堀江社長が時間外取引でニッポン放送の株式を大量取得したとき、世間の多くの人びとは拍手喝采したが、ニッポン放送とフジテレビ側は渋い顔をした。あの構図である。自分の方に手抜かりがなかったのであれば、堂々と出来たはずである。時間外取引は、銀行や生保など機関投資家が大量に株式を取得するための抜け穴であった。大企業が密かに株式を購入する際に利用してきた。ライブドアというわば新参者の小企業が、大企業の株式を取得したから大騒ぎになったまでのことである。

「エデンの東」の意味するもの

事件はこれだけでは収まらなかった。数日後、野原の真只中でカインは弟アベルを襲い、一瞬のうちに殺した。羊飼いの弟は、農業の兄よりも屈強であった。羊飼いは、羊の群れに襲いかかるライオン、ヒョウ、ハイエナ、オオカミなど猛獣と戦い、それを撃退していたからだ。カインは「さあ、野原に行こうよ」と、弟を言葉巧みに誘い出し、アベルの後ろに回るや否や、羽交い締めにグッと首を絞めたのであろう。そして遺体を土中に隠した。アベルは、その名前「アベル＝吐息」の通り、吐く息のように儚い人生であった。

カインがそのまま何食わぬ顔をして帰って来たとき、神は「君の弟アベルはどこにいるか」と尋ねた。聖書の物語中で、神が人間に向かって「どこにいるか」と尋ねるときは、決まって人間が悪いことをしている。「どこにいるか」と問われ、存在を隠さなければならないのだから、何か問題がある。

ところがカインは、「私は知りません。私が弟の番人でしょうか」と傲然と反論したのである。ひとは何か途中でまずいことに気づくと、顔を伏せる。だが、初めから悪いと分かっているときは、あえて堂々と振る舞い、不祥事を隠そうとする。ここのカインがそうだ。

カインは弟を殺した。人間としての基本的義務を踏みにじってしまった。しかも、アベルの遺体を土中に隠すことによって、カインは自ら自分の土地を汚した。そこで、神はカインに、「おまえは何をしたのだ。おまえの弟の血が、土の中からわたしに叫んでいるではないか。土地はもはや、おまえのために実を結ばない。おまえは農業者として失格だ。だから、この土地からおまえを追放する」と宣告した。

古代メソポタミアの法律では、殺人犯には死刑を宣告することになっていた。だが、カインには追放刑が下された。そして彼は「エデンの東、ノドの地に住んだ」。「ノド」という名前そのものが「放浪、さすらい」を意味している。

責任の所在より重要な再起のチャンス

追放の狙いは、犯した事件の責任の所在の明確化だけに終わらない。むしろ、別の場所で再起するように機会を与えることも意味している。

聖書はノドに移った後のカインの行動について直接は何も語っていない。しかし、そこに記録されているカインの子孫の六代にわたる系譜を読んでみると、その後の彼がどのような生活をしていたか、多少ともうかがい知る材料が散見される。

カイン→エノク→イラデ→メホヤエル→メトサエル→レメク→ヤバル・ユバル・トバルカイン

「エノク」という名前は、「奉献、教育、訓練」を意味する。カインは自分に子どもが生まれたとき、「弟アベルを殺して悪かった。この子は自分にないものと思って神に献げよう」という気持ちで命名したのであろう。エノクには「基礎を据える」という意味もある。「カインは町を建て、その町の名をその子の名にちなんでエノクと名付けた」という聖書の記述は、町の定礎式のときに息子が生まれたことの記念かもしれない。そして、彼は町を文化のある地域にしようと努力した。

地の果てのさまよいの土地ノドは、カインの努力により漂泊の地から永住の町へと変貌したのである。町は、特定の個人のためではなくて、多くの人びとの共益のために建てられるものである。カインは自分中心の生き方から、他人のために奉仕する生き方へと変わったのである。

カインの孫イラデは、「イール・ヤラッド＝礎を据える町」の意味である。放浪者カインの一族は、堅実で地域コミュニティに根を下ろす家族へと変貌していく。曾孫メホヤエルというのは、「神が牧場を営む」という意味だ。次のメトサエルは、「神の人、求めに応じる人」という意味である。困っている人びとに喜んで救いの手を差しのべていたのだろう。

レメクは、「謙遜な人、鉄鎚の人」の意味である。彼は二人の妻を持っていた。彼女たちの前でレメクは次のように言っている。

「私は受ける傷のために人を殺し、受ける打ち傷のために私は若者を殺す。カインの復讐が七倍ならば、レメクのための復讐は七十七倍」

これを聞くと、何とレメクは狂暴な奴だ、やはりカインの末裔だと思われるかもしれない。しかし、ヘブライ語の原文を忠実に訳すと、「万が一にも、私は自分が受けた傷のために人を殺したか。あるいは切り傷のために若者を殺したことがあるか。（いや、そのようなことをしたことはない。私は温和な性格だ。だから、あの狂暴といわれた）カインのための復讐が七倍ならば、私のための復讐は七十七倍あってもよいではないか」という意味になる。レメクこそは平和主義の人だったのである。

レメクの妻の一人の名は「アダ＝楽しみ、飾り」、もう一人は「チラ＝木陰」といい、くつろぎのある家庭を仲よく守ってくれる。レメクの三人の息子たちもそれぞれ正業について立派にやっている。長男は「ヤバル＝運転する者、掘り出す者」といって、人の先頭に立って物を運ぶことを厭わなかった。彼は家畜を飼う者の祖先となったと聖書は伝えている。つまり、カインから七代目にして、ついにアベルの遺徳を継ぐ者が出た。

次男は「ユバル＝祝う者、角笛」といって、琴や笛などを演奏し芸術や文化に携わる。三男・

トバルカインは、「トバル＝物をこねる」が示唆するように、青銅や鉄からいろいろな刃物を作る鍛冶屋、当時の最先端のハイテク技術の指導者になった。その妹、「ナアマ＝悦び」は快活で微笑あふれる娘だったのであろう。

こうしてカインの末裔はかつての血塗られた家系をすっかり純化し、牧畜、芸術文化、工業と多方面にわたって真に社会に貢献するようになった。

考えてみれば、人間の社会そのものがエデンの東、楽園から追放された苦労の地ノドである。そして個々の人生はノドの地、放浪とさすらいの連続なのである。その中で普段の生活を緑の潤いと喜びの場へと変えていくことこそ、われわれアダムの末裔に課せられたビジネスの課題でもある。

日本の例をあげれば、たとえば榎本武揚である。徳川幕府最後の海軍総裁として函館の五稜郭で、明治二十年（一八六九年）新政府への抵抗を試みる。敗れて捕らえられるが、出獄後、北海道開拓使をつとめ、七四年には日本政府代表としてロシアと樺太・千島交換条約を締結した。その後、逓信《ていしん》大臣、農商務大臣、文部大臣、外務大臣などを歴任し、明治新政府の発展に努めた。

引責辞任した後、新たな場所や部署で地道に建設的活動を続ける。これこそが真に責任能力がある者の生き方である。

第6章

リーダーシップの三タイプ

カリスマ型リーダーの条件――六十万の民を率いたモーセの研究

旧約聖書にみるリーダーの三タイプ

リーダーシップというものには三種類がある。第一に、強烈な個性でグングン全体を引っ張っていくカリスマ型リーダーシップ。第二に、カリスマ型リーダーの下で部下として仕えてきた後継者型リーダー。第三に、カリスマとは無関係だが運命のいたずらでリーダー役を引き受けた庶民型リーダーである。それぞれ一長一短があり、どのタイプが理想的であるかは断じられない。

さて、その第一のタイプ、カリスマ型リーダーとはどのようにして誕生するのであろうか。

カリスマとは、もともと「恵み、贈り物」という意味のギリシャ語で、転じて、神からの贈り物としての超能力や、大衆を引きつける特別な権威などを指すようになった。聖書に登場する預言者たちは、みな宗教的カリスマを具えていた。わけてもモーセとサムエルは、古代イスラエル全体の政治的・軍事的指導者としても絶大な権威とカリスマを発揮していた。

まずカリスマ型指導者の代表、モーセはどのようにして誕生したか。モーセの生涯を描いた映画に『十戒』がある。この映画は、紀元前一二八〇年頃、モーセという人物によってイスラエルの民六十万人がエジプトから脱出し、シナイ山で神から十戒を授かり、約束の地カナンに向かうまでのドラマを描いている。モーセによるエジプト脱出を、聖書では「出《しゅつ》エジプト」という。

当時、イスラエルの民はエジプトで国家奴隷であった。奴隷解放の指導者に神から起用されたのは、エジプト王ファラオの宮廷で育てられたモーセであった。彼はファラオの後継候補として嘱望されていたが、あるとき殺人事件を起こし、シナイ半島の荒野に逃亡していた。彼は荒野の中で遊牧民ミデアン族の祭司エテロの娘と結婚し、エテロの羊を飼っていた。そのモーセを神が呼び出したときの経緯を、聖書は次のように記している。

> イスラエルの子らは労役に呻《うめ》き、かつ叫んだ。彼らの悲鳴が労役の中から神へ上った。神は彼らの呻きを聞いた。神はアブラハム、イサク、ヤコブとの契約を思い出した。
>
> モーセは妻の父、ミデアン族の祭司エテロの羊を飼っていた。その群れを連れて荒野の奥へ行き、神の山ホレブに来た。エホバの天使が柴の中の炎で彼に現われた。見ると、柴は火に燃えているのに、柴は焼き尽きない。モーセは思った、「さあ脇道にそれて、この大いなる光景を見よう。なぜ柴が燃えないのか」
>
> エホバは、彼が確認しようと脇道に入ったのを見て、柴の中から彼を呼んだ、「モーセよ、モーセよ」。彼は「はい」と答えた。エホバは言った、「ここに近づくな。おまえの足から靴を脱げ。なぜならば、おまえが立っているその場所は神聖な大地だからである」。さらに言った、「我れこそはおまえの父の神、アブラハムの神、イサクの神、ヤコブの神である」

モーセは神を直視することを恐れ、顔を隠した。

エホバは言った、「エジプトにいる我が民の苦しみをつぶさに見た。また、酷使されているための彼らの叫びを聞いた。彼らの苦痛を知っている。エジプトの手から彼らを救うために、我れはエジプトへ下って行く。彼らをあの国から、良き広き国、乳と蜜の流れる国、すなわちカナン人、ヘテ人、アモリ人、ペリジ人、ヒビ人、エブス人の場所へと導き上げるためにである。

今、見よ、イスラエルの子らの叫びが我が耳に達した。またエジプトが彼らの上に加えている圧力をも見た。今、おまえは行け。おまえをファラオの下に遣わす。我が民、イスラエルの子らをエジプトから脱出させよ」

モーセは神に言った、「一体、わたしは誰ですか。ファラオのもとへわたしが行くなんて。わたしがイスラエルの子らをエジプトから脱出させるなんて!?」

神は答えた、「我れはおまえに伴う。これが、おまえを遣わすことのしるしだ。おまえが民をエジプトから脱出させたとき、おまえたちはこの山で我れを礼拝するであろう」

［出エジプト記2〜3章］

政治も経済も行き詰まり、民衆の不満が爆発すると、政治経済が変わり、国家体制が変わり、ついには歴史の局面さえも変えてしまう。そういうエネルギーが歴史を牽引し、世界を目的に向かって引っ張っていく。一九九〇年代に東欧やソ連の社会主義体制が瓦解したのは、まさにそうしたドラマであった。

出エジプトの事件もそうであった。イスラエルの民がエジプトでの奴隷労働の苦しさに耐え切れなくなり、神へ叫び出して初めて歴史的な摂理が動き出した。聖書の記述を借りれば、人びとが叫び出すまで、神はイスラエル人の先祖アブラハムに誓った約束、おまえの子孫をカナンの地に連れ戻すという約束を思い出さなかった。たとえ神が全智全能であっても、人間が我慢できる事柄や、人間の注意や努力で解決できる事柄に神は介入しない。これが、歴史の法則である。

小さな改善は平和な普通の時代に行うべきことだが、大きな改革や革命は、社会であれビジネスであれ、全体が行き詰まってしまうまで始まらない。

マンネリ化を防ぐ非日常の「聖なる場所」

出エジプト物語をビジネスの世界に当てはめてみると、大企業の一子会社が他社との不利な取引を解消して、ゼロから新しい事業領域に進出しようとするケースに似ている。

物語に登場する神エホバはさしずめ大企業の創業者で、実力者会長に例えることができよう。創業者である会長は、会社経営のことは何でも知っている。会長が直接手を下した方が何事も早く、しかもうまくいく。だが、会長はグループ全体の未来構想とか業界の折衝などで忙しい。子会社のこまかい問題にまで首を突っ込むわけにもいかない。

では、誰にこの新規事業をやらせるか。会長は考えた。そうだ、モーセはどうだろう。あいつは遠く辺境に飛ばされているが、教養もある。正義感も同胞愛もある。若い頃のあいつは直情径行で人生に躓《つまず》いた。だが僻地で苦労している間に、人間的に成熟しただろう。そろそろ、彼の出番だ。

モーセは、ミデヤンの族長で祭司でもあった妻の父エテロの羊を飼っていた。モーセの父祖ヤコブも、若い頃は舅《しゅうと》ラバンの羊飼いをしていた。それに結納金も払わず、娘を妻にもらった点も共通している。モーセも、結納金代わりに羊飼いの仕事を引き受けたのであろう。ユダヤ人の物語には、羊飼いから身を立て、大人物となった者の例が多い。イスラエル十二部族の父祖ヤコブ、ダビデ王、預言者アモス、ユダヤ滅亡後の西暦二世紀の精神的指導者ラビ・アキバ。いずれも社会の下積みとなって、人生の零落を経験する中から、彼らは弱者への慈悲、洞察力、危機への対応力など指導者として必要な能力を身につけていった。自分の器を大きくしたければ、苦労し挫折し、人生のどん底を味わうことが大切になってくる。挫折と苦労が、本物の人格とペテン師とを選別する。

モーセの場合は、羊の群れを追いながら神の山ホレブに来たときに、彼の運命の転換が始まった。「ホレブ」というのは、「荒涼とした場所」の意味である。彼が神と出会った場所は、一般にはシナイ山が定説になっている。シナイ近辺はほとんど雨が降らない乾き切った大地で、山は全山が赤い花崗岩で、岩肌がむき出しのまま天に向かってそそり立っている。まさしく荒涼とした場所である。

「すると、柴の中から火の炎に神の使いが彼に現われた。モーセが見ていると、見よ、柴は火に燃えるが、柴は燃え尽きない」。無人の山奥で柴に火が燃えている。しかも炎に包まれた柴が燃え尽きない。モーセの好奇心が蠢《うごめ》いた。ラビたちは言う。

「柴はユダヤ民族の象徴である。柴が火に包まれているように、ユダヤ人の生活はいつも危機に見舞われている。だが、柴が燃え尽きないように、火の中に放り込まれてもユダヤ民族は滅びない。柴が燃え尽きないということは、絶望してはいけないことを教えているのだ」

ラビたちの別の見解では、燃える柴は世界全体が火に包まれていることの象徴だという。つまり、燃える柴は、私たちが社会の危機と存亡に対して関心を持ち、率先して社会救済に参加するかどうかの問いかけなのである。

モーセが柴を見ようと脇道に入ったとき、神は「ここに近づくな。ここは聖なる場所だから靴を脱げ」と命じた。今日では、ユダヤ教やキリスト教の教会堂には靴をはいたまま入ってかまわない。しかし、イスラム教のモスク（礼拝堂）の中に入るには、男も女も靴を脱いで素足にならなければいけない。

ところで、聖書の中でわざわざ「聖なる場所」と断っているのは、モーセのこの記事が最初である。神が造ったエデンの園も聖なる場所ではなかった。人間と動物が生活を営むオアシスであった。その中央に植えられていた生命の木も知恵の木も「聖なる木」とは呼ばれていない。アブラハム、イサク、ヤコブなどのイスラエルの人びとの父祖があちこちで祭壇を建て、神に供物を捧げているが、どれも聖地ではない。

聖なるものとは何であろうか。ユダヤ人の考えでは、神聖であるというのは、神がその場に居合わせている場所なり時間なり、あるいはその物や人の上に神が存在している場合である。神との出会いが終了し、神の臨在が消失すると、場所も時間も物も神聖さが蒸発する。聖書の中で最初に「聖なるもの」として、他の一般的な事物と区別されたのは安息日（シャバット）という《時間》であった。安息日の二十四時間は、神の休息によって占有されている。そこには人間の一切の労働や思惑を持ち込んではならない。

「聖なるもの」とは、日常の世俗から分離し、隔絶した領域である。そういう非日常的な場所に立って、そこから改めて物事を眺めると、ふだん気づかないことが見えてくる。「聖なる場所だから靴を脱げ」という一句には、日常の習慣になっている固定観念を捨て、別の角度から新鮮に物事を眺めてみよ、という意味も込められているのだ。

日本の企業の中にも、社員に非日常を体験させ、会社や自分の仕事を見直させるよう仕向けている会社がある。富士通である。

一九八一年頃に同社の教育担当の方から聞いた話によると、富士通では四十五歳になると、職位職階に関係なく三カ月間仕事から隔離され、研修を受けなければならなかった。この制度を始めたのは、当時、富士通社長であった小林大祐氏である。氏は四十五歳の頃に、病気で数カ月間休職を余儀なくされた。長期間会社を休んで、まず会社に戻れるか自分の将来が不安になった。そして自分自身を見つめ直した。すると、会社における自分の姿を客観的に発見したばかりか、会社が直面している問題点や会社の進むべき方向などが鮮明に見えてきた。

この体験がきっかけとなって、社長に就任したとき、四十五歳三カ月研修制度を導入した。最初の一カ月は完全に現場と遮断。その後、いったん現場に戻り、すぐまた一カ月の缶づめ研修。次は一カ月ごとに二週間の研修。この一風変わった研修の目的は、本人が三カ月不在でも業務にまったく支障なく会社は機能しているという事実を自覚させることも大切なポイントであった。

現在では、もう少し若年から始まる組織的・継続的な研修に置き換わったそうである。だが、非日常の視点から現状を見直させるというこの発想を、今も大切にしている。

神エホバのリーダー養成術

さて、シナイ山の切り立った崖を登り、人跡未踏、物音ひとつしない山の奥で、モーセはつらつら考えた。すると、イスラエルの民の苦しむ姿が見えてきた。今までは、彼らが苦しむのは、奴隷の身分なのだから仕方がないことだと、当然だとしか思っていなかった。だが、物事というものはそれを見る環境が変わり視点が変わると、新しい問題意識が湧いてくる。

エジプト人の手からイスラエルの民を救わなければならない。そうモーセは考えた。それにはどうするか。彼らを乳と蜜が流れる肥沃な地カナンに連れて行くことだ。これは、先祖代々聞いてきた神の約束だ。そう思うと、モーセの心にも希望が湧いてきた。だが、誰がそれを実行するのだ。こう彼が考えていると、モーセの心の中に響いてくる声が聞こえた。

「今、おまえが行け。おまえがファラオに会い、おまえがイスラエルの人びとをエジプトから救出せよ」

これは、問題を抱えた企業でのプロジェクト責任者の抜擢に似ている。社員のみんなが会社の問題を意識はしている。だが、誰も本気で問題の全体を点検もしないし、確認もしない。そのうちに誰かが、「今のままではいけない。やはり解決が必要だ」と言い出す。すると、社長はめざとくその人物を見て、彼を問題解決プロジェクトの責任者に指名する。「ではA君、問題に気づいた君がトップに立って、問題解決のプロジェクトチームを指揮してくれたまえ」と。

モーセは、問題意識に目覚めた社員A君であった。しかし自分にイスラエル救出の任務を任せる？　とんでもない、わたしはただの羊飼いだ。昔、エジプトに住んでいたといっても、いまだに逃亡中だ。ファラオの下に遣わされるなど、滅相もない。思いがけない命令に、モーセは非常に当惑した。彼は神に言った。

「一体、わたしは誰でしょうか。わたしがファラオのところへ行くのですか。わたしがイスラエルの人びとをエジプトから救出するのですか」

わたしは誰か。これは、人間の無力さに対する自己認識の表現である。聖書の詩人がつぶやく疑問も同様だ。「神よ、人は何者ですか、あなたがこれを知ろうとされるとは」（詩篇144篇）

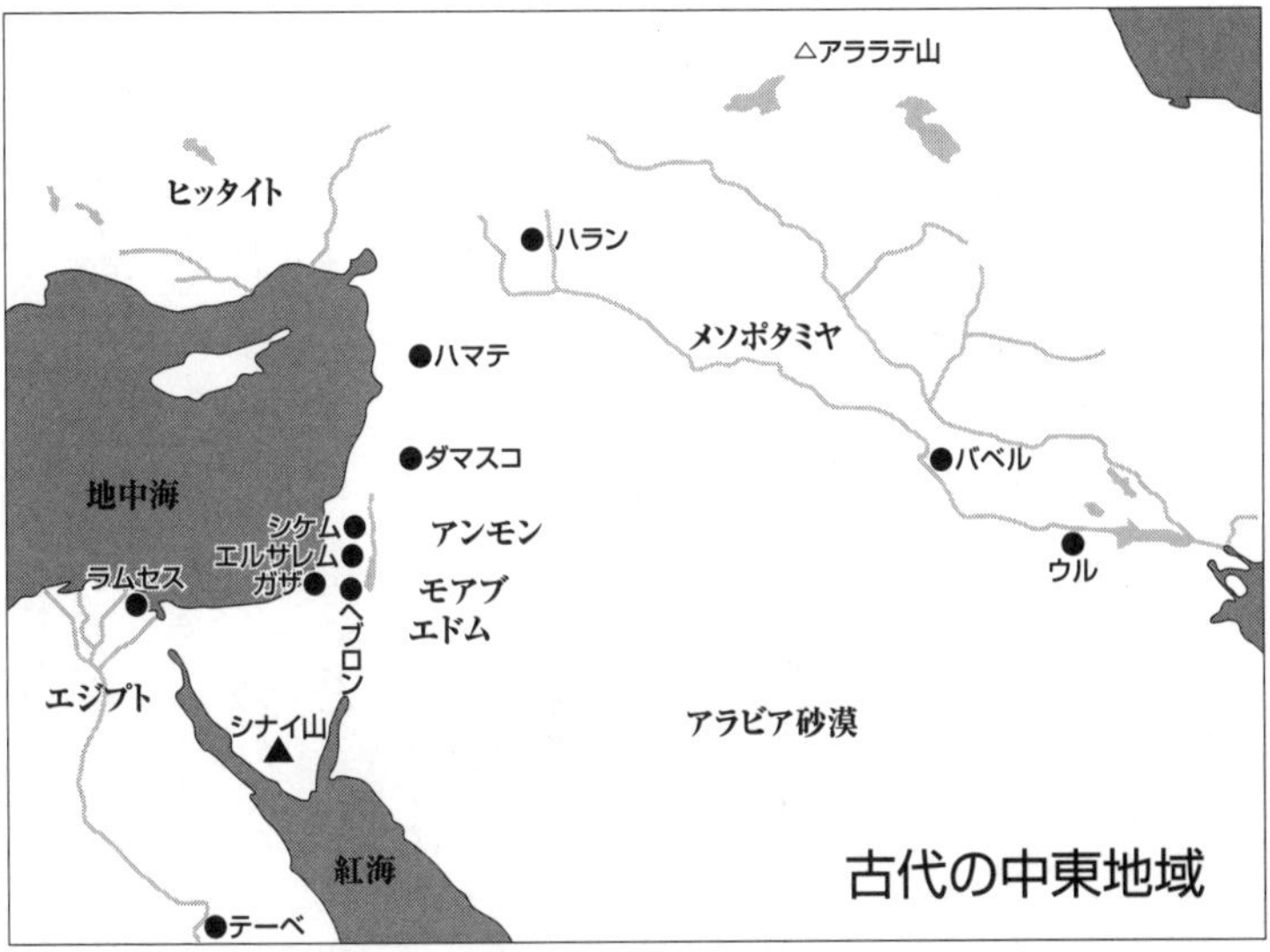

古代の中東地域

神の目から見れば、吐息のように消え行くはかない存在の人間。おまえを起用すると指名されて、モーセは深刻に悩んだ。そもそも人を救うという仕事は、天使の任務である。天使でもない自分が、一人で六十万人を救うなんて不可能で、とうてい無理な注文である。躊躇するモーセを神は一言で決心させた。

「わたしがおまえに伴う。その証拠に、おまえが民をエジプトから連れ出したとき、おまえたちはこの山で私を礼拝する」

任務に尻込みするモーセを、神はみごとに説得した。

先ほどのA君も、とんでもない、自分が会社の問題解決チームのプロジェクト・リーダーになるなんて、と逃げ腰になった。だが、社長は彼の心を見透かして、こう言った。

「とりあえず君がリーダーだ。わたしも一緒に手伝うから、いつでも気軽に相談してくれたまえ。その証拠に、まずは一カ月後にプロジェクトの進捗報告をこの社長室で行ってほしい。もう予定を入れておくから」

こう社長に言われると、A君はリーダー役を引き受けざるを得なかった。

出エジプトの物語は、イスラエルの民をカナンに連れて行くことが最終目標である。だが、とりあえずシナイ山まで彼らを連れて来ることが、モーセよ、おまえの任務である。それだって、わたしが同行するのであって、おまえに独力でやらせようということではない。まず無事にエジプトからシナイ山まで連れて来られたら、わたしがおまえと一緒に同行したことが分かるだろう。それまで断念せずに頑張れと、神は励ました。

いきなり六十万の民をカナンへ連れて行くとなると、荷が重すぎる。とりあえず全目標の半分なり、三分の一の行程の達成を課題として与えたのである。

自信過剰な人がたとえ強烈な個性を発揮しても、それはカリスマではない。いずれ化けの皮がはがれる。わたしは誰か。わたしは何者でしょうかと弱気な者だからこそ、創造的な活動に参加し、新しい価値を創出できる。その創造過程の中で、ひとは次第に自信を得、謙虚さを保ちつつカリスマ的人物へと変貌していく。人びとを引きつけるカリスマは、人びとと同じ苦しみを経験した努力家の内面から輝き出るものなのだ。

自分の「カリスマ」を育てる
――預言者サムエルの叫び

旧約聖書が語る奇蹟の中身

預言者サムエルは、神の声と神託を受け取るばかりでなく、先見能力、透視能力、予言能力など不思議なカリスマを具えていた。そのため民衆の信頼も厚く、人びとは問題があると彼の助言を仰ぎ、紛争があると彼に仲裁や裁定を求めていた。彼は裁判官としても優れていたのである。

そのサムエルのカリスマ的超能力を示す一例が、対ペリシテ戦での指導力である。

ペリシテとの戦争に破れて二十年を経て、全イスラエルは神エホバを慕い求めはじめた。サムエルは全イスラエルの家々に告げた。いわく、「もし心を尽くしてあなたたちが神エホバに立ち返るのであれば、異邦人の神々と女神アシタロテを、あなた方の内から捨てよ。心を神エホバに向けよ。エホバをのみ礼拝せよ。そうすれば、エホバはあなた方をペリシテの手から救うであろう」。そこでイスラエルの人びとはバアル神とアシタロテ女神を捨て去り、エホバだけを礼拝しはじめた。

その後、サムエルは言った、「全イスラエルをミツパに集めよ。わたしは、あなたたちの

ために エホバに祈ろう」。人びとはミツパに集合し、水を汲み、それをエホバの前に注ぎ、断食し、懺悔した。「われわれはエホバに対して罪を犯した」。サムエルはミツパで、イスラエルの人びとを叱責した。

ところで、イスラエルの民がミツパに集合したことを聞いて、ペリシテの将軍たちがイスラエルに攻め上ってきた。イスラエルの人びとはこれを聞いて、ペリシテ軍を恐れた。

イスラエルの人びとはサムエルに言った、「わたしたちのために、われわれの神エホバに大声で叫ぶことを止めないでください。そうすれば、神はペリシテ人の手からわれわれを救い出されるでしょう」

そこで、サムエルは乳を飲んでいる小羊一頭をとり、これを神エホバのために全部焼き尽くす生贄、燔祭《はんさい》として捧げた。サムエルが、イスラエルのために神エホバに大音声に叫ぶと、神は天から火を下してこれに答えた。

まさにその時、ペリシテ軍が到着した。だが、エホバはその日、大雷鳴をペリシテ軍の上に轟《とどろ》かせ、彼らを乱した。彼らはイスラエルの前に撃破された。

イスラエルの壮年たちはミツパから出撃し、ペリシテ軍を追い、ベテカルの麓まで追撃した。

戦闘後、サムエルは一つの石を取り、ミツパとエシャナの間に据え、その石の名を「エベン・ハエゼル（助けの石）」と命名した。こうしてペリシテ人は降伏させられ、二度とイスラエルの国境に侵入しなかった。

サムエルの一生の間、神の手がペリシテ人の上に及び、ペリシテがイスラエルから取った町々は、エブロンからガテまでイスラエルに戻った。イスラエルはその国境周辺もペリシテ人の手から救出した。

またイスラエルとアモリ人との間にも平和があった。

サムエルは一生のあいだイスラエルの人びとの問題を裁いた。毎年サムエルはベテル、ギルガル、そしてミツパを巡って、その所々でイスラエルの人びとに裁定を下し、自宅のあるラマに帰った。そこでも彼はイスラエルの人びとの問題に裁定を下し、またそこにエホバのための祭壇を築いた。

［サムエル記上巻7章］

サムエルが大声で神に祈ると、神は雷鳴をもって彼に応え、敵軍ペリシテを蹴散らしたという。彼の超能力が、いかに霊験あらたかであったかを物語っている。だが、現実にはどういうことであったのか。

イスラエルの全首脳がミツパに集合したのは、これまで他宗教に走って、イスラエルの神エホバをないがしろにしていたことを反省し、改めて神への信仰と忠誠を誓い合うためであった。二十年前に対ペリシテ戦争に敗れたのは、当時のイスラエルの指導者であった大祭司エリ一族の堕落と不正が原因であった。堕落した指導者の下では、国民が協力一致して戦う気にはなれなかった。そのため、外敵の侵攻も防ぎ切れなかったのだ。

しかし、戦争に負けてみると、むしろ人びとはイスラエル民族の守護神エホバに見放されたから負けたという挫折感を抱きはじめた。そして、エホバ宗教をやめて、当時のオリエント世界で広く信仰されていたバアル宗教や、女神アシタロテ（イシュタール）崇拝に走る者が続出していた。日本が第二次世界大戦で敗れた後、国粋主義と神道から一転して欧米文化の礼讃と無宗教主義に走りはじめたのと似ている。イスラエルの各地にはペリシテ軍の代官所ができ、イスラエル人たちの生活は直接的にも間接的にもペリシテの干渉を受けるようになった。

そうなると、今度は民族の独立を願って伝統への回帰を求めはじめる。そこでサムエルはイスラエルの人びとをミツパに召集し、全員で断食し、これまでの不信心を神に懺悔し、独立決起大会を開催した。

それを聞きつけてペリシテ軍が急襲してきた。イスラエル側は全員断食中で、とても戦闘に出かけられる態勢ではない。窮余の一策、神に助けを求めるようサムエルに祈りを頼んだ。すると、天佑神助とはこのこと。神は雷鳴をもって彼に応え、敵軍を蹴散らした。

おそらく実際に雷雲が生じ、一転して暴風雨となったのであろう。ペリシテ軍は、全員が当時のハイテク、鉄製の武器で武装していた。鉄の刀、鉄の矢じり、鉄の兜、鉄の槍。イスラエル側の武器は、せいぜい棍棒か石弓しかない。そこへ雷が響き、稲妻が走った。もう結果はお分かりであろう。ペリシテ軍には次々に落雷で犠牲者が出はじめ、大混乱となった。そこをイスラエル側が反撃に出て、最後は大勝利となったのである。

テクニックで人を動かそうと思うな

右の記録には、もう一つ勝利の秘密が隠されている。サムエルが大声で神に叫んだことである。原文には、大声で叫ぶことを意味する「ザアム」という単語が二度も出てくる。彼は大声で神に祈り続けたばかりか、察するに、「大声で」人びとを励まし続けたのだ。

困難や危機に直面すると、ともすれば不安に駆られ、うつむき、声も細くなる。それでは勇気も消えてしまう。そういうときに、リーダーが元気よく大声で皆を励ますことが大切だ。元気が出れば、力も出る。力が出れば勝利できるのである。ただし、リーダーがいつも怒鳴っていては、人びとを萎縮させる。必要な時に、大きな声で方向や指示を徹底させる。これがリーダーシップの基礎なのである。

エリ・コーヘン駐日イスラエル大使は、松涛館空手五段の武芸者である。アラブ系ユダヤ人の彼は眼光鋭いが、いたって寡黙である。一九七三年の第四次中東戦争のとき、彼は戦車隊長であった。彼の部隊は日夜、エジプト軍の砲撃に曝されていた。とくに夜間の砲撃はナパーム弾が炸裂し、その恐怖は筆舌に尽くせなかった。彼は部下たちを休ませるために、一カ月間、毎晩ひとりで塹壕の外に立ち、見張り番を続けた。隊長の勇気に励まされて、彼の部隊はみごと真っ先にスエズ運河制圧に成功したのであった。そのコーヘン大使とともに、いま日本でアラブ諸国の大使が中東和平のために協力し合っている。

単純なことだが、弱っている者に元気を起こさせる。これもリーダーに求められるカリスマ的魅力なのである。

カリスマ性は生まれながらの才能ではない

それればかりではない。リーダーとしてのサムエルは人心掌握にも秀れていた。そのことが次の短い記事の中から読み取れる。

「毎年サムエルはベテルとギルガル、およびミツパを巡って、その町々でイスラエルの人びとの問題を裁定した」

つまり、毎年、全国の主要都市を巡回し、そこで人びとと直接に対話した。

リーダーが、自分のオフィスに人びとを呼びつけるのではなく、自分から地方へ出向き、現場を視察し、均等に人びとの声に耳を傾け、実情を把握した。そのうえでサムエルは問題解決の助言をしたり、必要とあれば人びとの紛争や訴えに裁定や決定を与えたりしたのである。

一口でカリスマとは言うが、カリスマは何も天から突然降ってくる能力ではない。基本から積み上げて、きちんとした情報収集のうえで公平に物事を判断する。その努力の結果が人びとの目には、何か卓越した能力であるかのように映るのだ。

生え抜き後継者のリーダーシップ学
——モーセの後継者ヨシュアの指導法

偉大な創業者を引き継ぐ二代目の条件

民族統一、企業経営、宗教教団活動など、どの分野であれ、総じて創業者はカリスマ的である。彼らの豊かな創造的エネルギーが、人格的魅力や特異な才能を開花させる。それだけに、カリスマ的リーダーが去った後、その仕事を引き継ぐのは容易ではない。二代目であれ、生え抜きであれ、カリスマ型トップの後に就任するリーダーの条件には何が求められるのか。

モーセの後継者になった側近ヨシュアを通して、二代目トップに求められる要件を探ってみよう。モーセという超カリスマ型指導者の後を受けて全イスラエルの最高指揮官となるには、それなりの個人的カリスマが必要だと考えられる。事実、ヨシュアの指導力は卓越しており、人びとの目にはカリスマ的に映った。彼の活躍の背後に、神のバックアップが感じられたからだ。

しかし、彼の行動を冷静に観察すると、むしろ合理性の積み上げに徹していた。カナン偵察後の彼の報告と分析に見るように、彼は情報収集能力ばかりか、情報の分析能力に優れ、困難なプロジェクトであってもビジョンを描き、長期的・建設的に取り組もうとしていた。その聡明さのゆえに、人びとからは「神の霊が宿っている」と評されるほどであった。

その勇気と生命力、知恵、目上の人からの祝福、人びとからの信頼など、後継者としての条件を十分に満たしていた。だから、モーセも彼を後継者に指名し、人びとの支持も取りつけていた。

では、モーセの死後、ヨシュアはどのように能力を発揮したのであろうか。聖書は、彼のリーダーシップの最初を次のように記している。


モーセの死後、エホバはモーセの従者、ヌンの子ヨシュアに言った。

「我が下僕モーセは死んだ。今、起て。おまえは、この全ての民と、このヨルダンを渡れ。わたしがイスラエルの子らに与える地へ入れ。おまえの一生の間、おまえの前に仁王立ちになる者は誰もいない。わたしは、モーセに同行したように、おまえと共にいる。わたしはおまえを見放さず、また見捨てない。強く、かつ雄々しくあれ。おまえはこの民に、わたしがその先祖たちに誓った地を獲らせなければならない。

我が下僕モーセがおまえに命じた律法をことごとく守り行うためにも、ただ強く、雄々しくあれ。これを離れて右にも左にも曲がってはならない。それはすべておまえが行くところで、繁栄するためである。強く、かつ雄々しくあれと。おまえがどこへ行くにも、おまえの神エホバが共にいるゆえ、恐れるな。おののくな」

ただちにヨシュアは民の監督たちに命じた、「宿営の中を巡れ、そして民に命じよ。すなわち、『君たち自身で糧食の備えをせよ。なぜなら、三日のうちに、このヨルダンを渡り、神が君たちに与えて領有させようとする地を獲るために、侵攻するからだ』と」

〔ヨシュア記1章〕

聖書はユダヤ教の宗教書であるから、ことごとに神が登場する。神への言及が一切ないのは、先に紹介した恋愛詩集「雅歌」だけである。神というものをどのように理解したらいいのか。ヨシュアがモーセの後継者としてリーダーの地位に就任したとき、神は彼に「我が下僕モーセは死んだ。今、起て。おまえは、この全ての民と、このヨルダンを渡れ」と命じた。

それはヨシュアの内側に響く声であった。それは彼の考えや思いを超えて、厳然と彼に命じる声であった。この声の主を神であると信じたのはヨシュア自身であった。だが、それは彼を歴史の舞台に登場させようとする歴史自身の声であったのかもしれない。いずれにせよ、神というのは、個人の意志と思惑をはるかに超絶して臨んでくる宇宙意志のことである。しかも、それはしばしば人間の望む方向と逆の方向への力として強制してくる。

新しいルールを就任早々につくるな

イスラエルの民を四十年にわたって統率し指導してきたモーセが逝って、ヨシュアの心には大きな穴があいた。冒頭の神の言葉、「我が下僕モーセは死んだ」の一言は、忠実な下僕モーセを失った神の嘆きであるよりも、四十年にわたって師事し、仕えてきたモーセを失ったヨシュアの淋しさと不安の告白なのである。

前任者の偉大さを追慕しているだけでは物事は停滞する。ましてや、前任者と自分を比較し、自分の非力を嘆いていたのでは進歩はあり得ない。新しい指導者にとっては、古い世代と決別し、直ちに決然と新しいプロジェクトに向かって踏み出すことこそ大切なのである。

最近、何かと不祥事が絶えない三菱グループだが、その三菱グループの基礎を確立したのは、三菱財閥三代目の岩崎小彌太社長であった。彼は叔父・久彌の後を受けて三十八歳で社長に就任するや、会計監査を徹底し、次々に組織改革に着手し、巨大財閥・三菱へと発展させた。その公明正大で進歩的な指導力は、現在でも大いに学ぶ点がある。

天が自分を見放さないことを信じ、未来のビジョンに向かって強く、雄々しくあれと自らを励ます。岩崎小彌太と同様に、これがヨシュアの第一歩であった。

加えて、ヨシュアは、モーセが全員に命じた律法、すなわち組織全体の行動指針を守ることを肝に銘じた。モーセが創業者であるならば、ヨシュアは二代目経営者である。とかく二代目は先代との差別化を図ろうとするあまり、初代の経営理念から逸脱する。どのような事業でも、常に新しい目標がなければ発展はしない。とはいえ、発展は既存の実績の上での発展であり、新規目標もその発展の延長線上にあってこそ健全に実現できる。むやみに新しいルールや新しいモデルを持ち込んでも成功するものではない。ヨシュアは、慎重なうえにも慎重に初代モーセの掟の遵守を誓ったのである。

組織力を最大限に活かすマネジメント

行動を起こすと決心するや、ヨシュアは矢継ぎ早に部下たちに命令を出し、六十万の民全員を新たな目標に向かって駆り立てた。

「三日後にはヨルダン川を渡る。その準備を大至急せよ」

この命令には、有無を言わせない強制力があった。目標が決まったら、間髪をあけずに取りからせる。これが肝心である。実行までに時間的余裕があると出足が揃わず、全体の士気が低下し、実行を拒否する者が現われたりする。スピードある命令と行動こそが、全体の団結をも高めるのだ。

すでにヨルダン川東岸に定住しはじめていたイスラエルの部族の一部、すなわちルベン部族、ガド部族、マナセ部族の半分に対して、ヨシュアはヨルダン渡河作戦の先頭に進めと命じた。組織の一部あるいは多くが、危険を冒して新しいプロジェクトに取り組もうとするとき、後方で安穏と傍観している部門があっては、戦う者たちに不公平感を招きかねない。それは戦意を喪失させる。

ヨシュアは、ルベン、ガド、マナセの各部族からそれぞれ最も屈強な精鋭部隊を選び出させ、最前線に派遣した。こうすると、本来、前線で戦うべき者たちも遅れてはならじと発奮する。そればかりか、後方から前線へと抜擢されたルベン、ガド、マナセの代表たちが、今度はヨシュアを励ましにかかった。彼らは言った。

「われわれはあなたの命令を、みな行います。何処へでも行きます。モーセに従ったように、あなたの命令に服します。どうぞ、神があなたと共にいてくださるように。あなたは、ただ強く、雄々しくあってください」

組織のメンバーには新旧の区別があってはいけない。古参のベテランが新しいリーダーの下で前線志願をしてくるようになると、全体の結束はいやが上にも強まる。こういう環境ができてこそ新しいリーダーは強く、雄々しく指揮を執れる。リーダーだけが勇んだのでは、空回りする。

冷静な観察と合理性、そして迅速な決断と機動性ある命令指揮、これらが二代目後継者に求められる要件である。

非カリスマ型リーダーが成功する条件 ——初代の王サウルへの賛否

大抜擢人事でトップに立った男の要件

ところで、無縁な他部門から抜擢されて未経験の部門の長に据えられたり、他社からヘッドハンティングされて企業のトップに据えられたりした場合、既存の集団にうまく馴染めないケースがある。そのような場合は、どのようにすればリーダーシップを確立できるだろうか。

このケースを考える際に参考となるのは、古代イスラエルで初代の王に選ばれたサウルの例である。預言者サムエルは、紀元前一〇五〇年頃からおよそ二十五年間にわたってイスラエル民族の最高指導者として君臨していた。しかし、彼自身の高齢化と長期政権に伴う末端での腐敗は、預言者サムエルといえども防ぎようがなかった。民衆は、モーセ以来二五〇年にわたって続いてきた一代限りのカリスマ型指導者体制にも疲れていた。イスラエル民族全体の指導体制を変えてくれと民衆は再三、サムエルに要求していた。

権力の座にある者は末端で不祥事が起きていても、簡単に下野しない。サムエルも同様であった。彼はいったんは体制変革を拒絶した。だが、まもなく彼は考えを一八〇度転換し、自分とまったく関係がない、しかも若者の中から次のリーダーを選ぶことにした。

候補者に挙がったのはサウルという青年であった。サウルは行方不明になったロバを探している途中でサムエルに出会い、「君こそが王の候補者だ」と告げられる。

古代のイスラエルでは、ロバやラバを王の即位用の乗り物にしていた。その意味で、ロバを探していたという出来事そのものが、彼がいずれ王になることの暗示であった。サウルはとくにカリスマ的な性格ではなかった。彼の特徴は、「好青年で、背が高かった」の二点であった。

好青年というのを、ヘブライ語では「バフール・トーブ」という。バフール（若者、青年）という言葉には、もともと「選ばれた者」という意味がある。若さには、代表選手のような溌剌《はつらつ》さが求められる。せっかく皆から選ばれ指名されても、もじもじと躊躇し辞退するようでは、若いとはいえない。

サウルは人柄の良い若者、素直で選ばれるにふさわしい若者であった。改革というのは、とかく角が立つ。古い秩序を打破するのだから、人間関係にも傷をつけやすい。それだけに人間的な良さ、暖かみや包容力ある人物であることが、改革の最初のリーダーの資質として求められる。サウルは、そういう資質を具えた青年であった。とくに老人の後を引き受ける若い指導者には、こういう資質が望まれるのである。

成果があがるまで他人の評価は無視しろ

だが、人が良いだけでは改革はできるものではない。新しい時代のリーダーとして必要なもう一つの資質は、迫力である。

残念ながら、青年サウルは迫力に欠けていた。これを、どうすれば強化できるか。迫力ある人間になるための最良の方法は、強大な迫力を持つ偉人と出会うことである。サウルは老預言者サムエルと出会って強烈な精神的ショックを受け、一時、トランス状態になる。偉人に出会った感動が彼を内側から改造し、未来へ向かっての使命と自覚に向かわせる。サムエルも、かつて老祭司エリに仕え、その人格的謦咳を受け継いだ。歴史は、偉人から偉人によって引き継がれ、偉大な発展へと向かう。

しかしながら、偉人と出会えば、誰でも人格が変貌するというわけではない。目的意識のない人は、偉人と出会っても何の変化も起こさない。また目的意識といっても、野心家と野心家が出会ったのでは、むしろ抗争になってしまう。未来への使命を自覚した人物だけが、偉人と出会って自分に目覚めるのである。いや、未来への使命を帯びた人物でなくても、未来に向かって何かしよう、何かを達成しようと心の中で願っている人は、偉人に出会って変身する。

とはいえ、自分の使命に目覚めるには、それなりの時間もかかる。サウルという青年の場合、彼がイスラエル初代の王として指名されたとき、自分はその器ではないと言って倉庫の中に隠れていた。権力欲に燃えている人であれば、得意満面になってステージに登っていたかもしれない。だが、それでは人びとから嫉妬や反感を買う。謙遜さのゆえに人びとから好感を持たれるような人柄、そこから指導者としての彼の資質が育っていった。

いざサウルが国民の前に引っ張り出されてみると、彼は国民の誰よりも背丈が高く、しかも眉目秀麗であった。すると人びとは彼の魅力に引きつけられ、「いやー、こんな素晴らしい人物がわれわれの中にいたのか。知らなかった」と口々に彼を賛美しはじめた。彼の謙遜さが一層、彼の資質を倍加し、人びとを彼に引きつける結果となった。

一方、民衆の中には王としての彼の能力を疑い、「この男に何が出来るか」と聞こえよがしに嘲《あざけ》る者もいた。しかし、サウルは聞こえぬふりをした。人びとの陰口や批判を無視することも、リーダーには必要な資質である。要は、どこで実力を発揮するかである。

リーダーには特殊な才能よりも大切なものがある

その機会が、まもなく到来した。イスラエルの隣国アンモンが、ヨルダン川東岸のヤベシ・ギレアデを突如攻撃してきたのである。この知らせを聞いた時、サウルに「神の霊が激しく臨み、彼は甚だしく怒った。そして牛を八つ裂きにして、自分に従って戦争に出陣しない者は、この牛のように八つ裂きにしよう」と彼は宣言した。

「彼の真剣な檄《げき》に触れ、国民はにわかに結集し、三日後に強敵アンモンを撃破し、サウルは大勝利を飾った。そこから彼の王としての統治が始まった」と聖書は記している。

普段は穏やかに過ごしている人が、危急存亡の時とか、組織崩壊の危機とか、外敵侵入や事故勃発の時に、声を荒らげてでも真剣に問題解決と取り組むと、その真剣な姿勢の中に突如、カリスマが出現する。

勝利の後、サウルの同志たちは、彼の能力を疑い批判的であった連中への厳罰を要求した。しかしサウルは、すでに凡人の利害打算を超えた視点から物事を考えはじめていた。勝利を祝う時こそ全員が融和すべき機会であって、同胞を批判し合うべきではない。彼はそう宣言して、むしろ神に感謝を捧げ、国民全員で祝宴を開くことを選んだ。

その情景を、聖書は次のように描写している。

> その時、民衆は言った、「以前、サウルが即位した時、『この男がどうしてわれわれを救うことができようか』と嘲った者たちを引き出せ。その奴らを殺せ」
>
> しかしサウルは言った、「神エホバが今日イスラエルに勝利を与えられたのだ。今日は人を殺してはならない」。これを聞いて、サムエルはサウルの度量の広さに感心し、彼を王に指名したことの正しさを確認できた。そして彼は民衆に提案した、「諸君、神殿を安置しているギルガルへ行こう。そこで正式に王政の新出発をしよう」
>
> 国民はみなギルガルへ行き、そこで神エホバの神前で改めてサウルを王として即位させた。感謝の祭を神の前に捧げ、サウルとイスラエルの人びと全員が大祝宴をした。
>
> ［サムエル記上巻11章］

こうして平凡な青年で一生を終わるはずであったサウルは、イスラエル初代の王として着実に統率力を発揮していった。とくに才能が目立っていなくても、次の六条件を満たす人物は立派にリーダーの候補者になり得る。

（1）人柄が良く魅力的。
（2）人間的温かみや包容力がある。
（3）未来志向で使命を自覚する。
（4）他人からの陰口や批判に動じない。
（5）いざという時は全身全霊で真剣に対処するし、人びとを指揮することができる。
（6）組織全体の利益を考え、反対者をも許す寛容さを持っている。

第7章

強固な組織をどう築くか

プロジェクト・リーダーの任命 ——モーセとダビデの成功の秘密

有能な人間を集めただけでは成功しない

創業者にとっては、日々すべてのことが未知との遭遇である。すべてが新規プロジェクトである。聡明な創業者であれば、このことを自覚している。過去に起きた事件と同様な問題が再発しても、単純な繰り返しだとは思わない。創業以来蓄積してきた経験と知識に照らして、どこが違うかを発見する。いわば、新しい問題点の発見センサーを内蔵している。また、周囲に彼を補佐する必要な人材を多数集め、有効に活用する。

だが、時として優秀な人材を得ているにもかかわらず、人の和を得ず、思うように事業やプロジェクトを展開できない場合もある。それでも、創業者は自らの権威と実力を行使してトップダウンの命令で、しゃにむに問題を乗り切ることもできる。しかし、時には、社員同士の見解の相違や不協和音、不一致のためにプロジェクトが順調に進行しない場合も出てくる。

この課題を解決するためには、また、こういう事態を未然に防ぐためには、部署ごとの任務やプロジェクトごとの課題に応じて、あらかじめチームの責任者の配置を考えなければならない。大きな仕事であれ小さな仕事であれ、有能な人材を責任者に据えるのは当然だ。だが、実は有能な人材を集めただけでは、チームは動かない。どのような人材配置にすればチームとして効果的に機能するのか。その秘密の一つは、リーダーの権力の序列よりも、リーダーの人間的背景にある。聖書の物語中、その一つの参考例が、イスラエルの民六十万人をエジプトから脱出させたエキソダス・プロジェクトである。

モーセは言った、「ああ、神よ、どうか他の適当な人をお遣わしください」
神はモーセに言った、「みよ、アロンがいるではないか。おまえの兄弟だ。レビ族だ」
［出エジプト記4章］

神エホバはモーセを最高責任者に、アロンを副官兼スポークスマンとして任命した。アロンは、実はモーセの兄であった。トップが慎重型であれ、破天荒型であれ、副官がトップよりも年少であると、善かれ悪しかれ、トップの言いなりになる可能性が高い。神はあえてモーセよりも年長のアロンを彼の副官に据えた。これは絶妙の人事であった。

家族関係から判明した意外な事実

同様なケースとして、東洋インキの例を紹介しよう。あるとき、同社が新規事業をスタートさせようとして、社内各部門から適任者を推薦してもらい、いくつかプロジェクト・チームを編成した。だが、それぞれチームワークがうまくいかない。

幾度かメンバーの入れ替えや役割分担を組み換えたが、どうもスムーズにいかない。社内のさまざまな人事資料を照らしても、外部機関による適性検査の結果でも、これ以上に最善の人選はないというにもかかわらず、である。人事担当者も、事業統括責任者も頭をかかえてしまった。

そんなとき、事業統括責任者が航空会社の人事担当者から面白い話を聞いた。機長やチーフパーサーに配置された乗員の家族関係を調べてみると、圧倒的多数が長男や長女だったという。意図して配置したわけではなかった。一般に、長男や長女は責任感が強い。そのため、多数の人命と安全を預かる機長やチーフパーサーに選ばれる者には、長男や長女が多いという結果になっていたようだ、と。

事業統括責任者は、早速、プロジェクト・チームの部下たちの家族関係を調べてみた。するとリーダーとサブリーダーがお互いに主導権を譲らず、チームの動きがとれていない場合は、どちらも長男同士だった。責任感がありすぎて融通もきかない。対照的に、リーダーとサブリーダーが、お互いに思い思いのアイデアを提案し合って、チームがまとまっているのは、次男や三男がトップに立っているグループであった。

最初の計画通りに既定路線を歩んでいるが、事業として面白味も発展性もない状態で推移していたのは、トップが長男、サブが次男と序列通りの構成チームであった。こういうチームは命令に忠実であるが、アイデアに意外性がなかった。

そこで彼は、各チームのリーダーに次男や三男を据え、長男をサブリーダーに配置してみた。すると、どのチームも自由闊達なアイデアを続出させ、しかもサブリーダーたちがチームを手堅くまとめ、非常に効率よく動き始めた。以後は、新規事業がスムーズに機能し、当初の計画よりも短期間に成功させることができたという。

プロジェクト・チームのリーダーたちが育った家庭における兄弟の序列というものは、チームのリーダーシップ形成に大きく影響するわけである。

プロジェクトを成功させるための絶妙な人事

同じ様な例を、イスラエルの英雄ダビデ王の足跡にも認めることができる。ダビデが民族統一の王として成功した陰には、その右腕として活躍した武将ヨアブの存在があった。

ダビデはイスラエルの全土を治め、そのすべての民に正義と公平を行った。ゼルヤの子ヨアブは軍の長、アヒルデの子ヨシャパテは史官、アヒトブの子ザドクとアビヤタルの子アヒメレクは祭司、セラヤは書記官、エホヤダの子ベナヤは傭兵の長、ダビデの子らは祭司であった。

［サムエル記下巻8章］

王位に就いてからのダビデが、こう洩らしている。

「私は王であるが、今日なお弱い。ゼルヤの子ヨアブたちは私の手におえない」（サムエル記下巻3章）

中東の社会では、今日でも長幼の序列が重んじられている。ヨアブは、ダビデの姉ゼルヤの息子、つまり甥であった。しかし、彼の方がダビデよりも年長であったと推察される。だから、王位にあるとはいえ、ダビデはヨアブに対して遠慮があった。

それに加えて、ヨアブはダビデの亡命の最初から行動を共にし、早くからダビデ軍の枢要な地位を占めていた。北イスラエル軍との戦闘でも、隣国アンモンとの戦争でも、反乱者の追討においても、彼は常に全軍の先頭に立って戦い、兵の士気を鼓舞し、軍を勝利へ導いた。ダビデの命令であれば、国民の不評を招く人口調査も遂行した。他方、主君ダビデの利益になると彼が判断した場合は、ダビデの意に逆らってでも、政敵を暗殺し、謀反人を刺殺した。彼はダビデよりも年長であるだけに、広い視点から物事を眺め、物事の是非を判断した。

大規模プロジェクトであれ、既存の小さな組織であれ、チームの要《かなめ》には、長兄的存在の人物をナンバー2に据えることだ。ナンバー2がしっかりしているとチームに乱れが少ない。自由な発想で、ぐいぐい新しい目標に向かって引っぱっていくリーダーには、次男・三男型を据えるといい。ちなみに、ヨアブはゼルヤきょうだいの長兄であった。またダビデは、八人きょうだいの末弟であった。この二人のコンビも最高の組み合わせであった。

組織力を弱める相互不信

――モーセの登場とエホバの奇蹟

旧約聖書が教える仕事の進め方

事業にしても仕事にしても、メンバー同士の気持ちが噛み合わず、作業が思うようにはかどらない場合が多い。そこに人間集団を組織化する際の困難がある。イスラエルの民六十万人のエジプト脱出の最高指揮官となったモーセは、どのようにこの大仕事を始めたのか。聖書は次のように記している。

エホバはアロンに言った、「モーセを訪ねて荒野へ行け」。アロンはシナイ半島の荒野へ行き、モーセと神の山・シナイ山で出会い、彼に接吻をした。モーセはアロンに、神のすべての命令と出来事を告げた。

その後、モーセとアロンはエジプトへ出かけ、イスラエルの人びとの長老全員に、これまでの経緯を順を追って話した。アロンは、神がモーセに語ったすべての事柄を語り、民の目の前で奇跡を行った。神がイスラエルの人びとの苦しみを顧みてくれるという話を人びとは信じ、二人にお辞儀をし、さらに跪《ひざまず》いて礼拝までした。

その後、モーセとアロンはファラオの王宮へ行き、ファラオに言った、「イスラエルの神エホバが、このように言われる。わが民を解放し、荒野で我がために祭をさせよと」。ファラオは答えた、「エホバとは誰だ。朕《ちん》がその声に聞き従わねばならないとは。イスラエルを解放せよだと。エホバなど朕は知らぬ。イスラエルを朕は解放しない」

その日、ファラオはイスラエルの民の監督官たちと巡察官たちに命令を発した。いわく、「諸君は従来のようにレンガを作るための藁《わら》を、この連中に与え続けてはならない。彼らに自分たちで藁を集めに行かせよ。ただし、従来通りのレンガ生産個数を彼らに課せ。それを軽減させるな。彼らが自分たちの神に生贄を捧げに行かせてくれと叫んでいるのは、怠け者だからである。諸君はこの連中の労働をさらに強化し、重労働をさせ、たわごとを抜かさせてはならない」

［出エジプト記4章］

או על כרחך לא לימד המקרא כסדר המוקדמים והמאוחרים כלום: ברא אלהים. ולא

モーセはエジプト脱出プロジェクトの総責任者になることを受諾した後、彼の副官となるアロンと会い、情報交換と意思の疎通をはかった。理解や見解に食い違いがないかどうか、まず二人でじっくり意見のすり合わせをしたのである。これは仕事に取りかかる前の作業として非常に大切である。仕事の基本路線や方向性について責任者同士が一致した意見を持っているならば、プロジェクト成功の確率は高くなる。モーセとアロンは両者の理解に相違のないことを確かめた後、イスラエルの民のところに出かけた。聖書は言う。

「彼らは、イスラエルの民の全長老を集めた。アロンは、エホバがモーセに語った事柄を告げた。彼が民の目の前でしるしを行ったので民は信じた。彼らは二人に敬礼をし、さらに跪いて礼拝した」

さらりと記述した文面を読むかぎりでは、モーセはイスラエルの民の全面的な信頼と支持を取りつけたように見える。長年、イスラエルの民がエジプトの奴隷として苦しんできたのは、民族を救うリーダーが不在だったからだ。そこに突如、モーセとアロンが民族解放を目ざして登場した。人びとから歓迎されないはずはない。人びとは、神の使者モーセの出現を最大級の表現で歓迎した。しかしながら、実際にはここを起点として、その後、もろもろの葛藤と緊張が発生する。

これは、一九八〇年に旧ソ連経済の立て直しのためにゴルバチョフ書記長が登場して、ペレストロイカを訴えたときの光景と重なる。ゴルバチョフの登場をきっかけに、九〇年には新生ロシアが誕生した。だが、秘密警察や統制経済を撤廃したからといって、すぐに豊かな自由経済が確立され、同時に安心できる社会制度が実現するわけではない。自由を得た途端、民衆の不満はまた高まりはじめ、その不満を逆手にとって保守派のエリツィンが武力で反乱を起こし、またもや独裁政権に逆行してしまった。

上司と部下の相互不信の原因

モーセとアロンも華々しく登場したが、いざとなると事はそう簡単に運ばなかった。

交渉の相手は、当時のオリエント世界で最強の覇者、エジプト帝国の王ファラオだ。イスラエル人など眼中に置いていない。彼はモーセたちの要求に応えるどころか、一言で拒否した。

交渉のテーブルに着くどころか、エホバの存在も認めない。これでは話の進めようもない。ファラオはモーセとアロンの要求を突き放した。そればかりか、ファラオはエジプト人の監督とイスラエル人の班長を呼びつけ、日乾しレンガの製造に欠かせない材料の藁の支給を停止し、イスラエル人らに自分たちで藁を調達させるようにと命じた。

レンガ製造に不可欠な藁が支給されないで困ったのはイスラエル人たちであった。そうなると不満の鉾先はモーセとアロンに向けられはじめる。われわれの生活を楽にするとか、われわれのために自由を獲得してくれるとか言って、あのモーセとアロンが華々しく登場したが、現実はその逆だ。あいつらがユダヤ教を担ぎ出してイスラエル民族の解放を叫び、ファラオに直訴したりするから迷惑を蒙るのだ。俺たちは重労働の軽減を願ったが、本気でエジプトから離れようと願っているわけではない。余計なお世話だ。

民衆の心は変わりやすい。つい少し前にモーセが登場したときは、民族解放の期待の星と全員一致で迎えたのに、今度は呪いの言葉である。モーセよ、あなたは救世主どころか、われわれを破滅に追い込んでいるのだ。一体、どうしてくれるというのか。

同胞の非難ごうごうの声にさらされてモーセは狼狽《ろうばい》した。さしずめモーセは、赤字続きの会社再建のために外部から送り込まれた社長のようなものであった。その会社の社員から不信を買い、造反を招いてしまったのでは、何も出来なくなる。

未熟なリーダー、哀れなモーセはどうしたか。彼は大ボスである神に訴えた。

「エホバよ、あなたはなぜイスラエルの民を、このようなひどい目にあわせるのですか。あなたの言われる通りにしたのに、なぜこういう悲惨な結果になるのですか。これでは、何のためにわたしが遣わされたか分からない。あなたには民を救う気持ちが本当にあるのですか」

モーセにしてみれば、神が一緒にエジプトへ行ってくれると約束したから任務を引き受けたのである。しかし、神が同行してくれた証拠はどこにあるのか。神が同行していたら、このように皆が苦しむこともあるまいのに。

モーセのこの姿は、無能な部下が上司に責任を転嫁するときのセリフを彷彿とさせる。

「部長がフォローしてくれるというから、あの難しい客のところに行ったのですよ。だが、部長は結局、何もしてくれなかったじゃありませんか。交渉がまとまらなかったのは、部長の責任ですよ」

上司がフォローしてくれるということは、いちいち手取り足取り教えてくれるという意味ではない。遠くから見ていてくれるだけでも心強いと思うべきである。まずは上司に甘えないで、考えつく限りの方法で交渉してみるべきであった。

モーセが実行したことといえば、イスラエルの民の一時休暇を、一度ファラオに申し入れただけである。それで神の代理人としての使命が果たせたことになるだろうか。モーセは、自分よりも上位の者や権力者の前では萎縮し、自分からは行動できなかったのかもしれない。この時点のモーセは、まだ主体性を欠いた管理職に過ぎない。とてもリーダーと呼べる有様ではなかった。

神といえども信頼を失う

プロジェクトが出発点でつまずきかけた理由は、モーセが指導者として力量不足であったことにもよる。だが最大の原因は、イスラエルの民が神エホバに十分な信頼を置いていなかったことである。

日本語訳で出エジプト記6章を読むと、「民は心の痛みと重労働のゆえにモーセの言葉に耳を貸さなかった」と記している。ヘブライ語原文を直訳すると「心の痛み」ではなく、「かんしゃく＝コツェル・ルアッハ」である。不遇な環境が続くと愚痴ばかりこぼして、じっくり他人の話に耳を貸す心の余裕を失ってしまう。これが不信を増幅させる根源なのである。

モーセの訴えに接して、神は「自分はイスラエルの民を本気で助けるつもりである」と、再度モーセに伝える。

エホバはモーセに言った、「今度は、わたしがファラオにすることを、おまえが見る番だ。わたしの強い手のゆえにファラオは彼らを解放し、彼らを自分の国から強制退去させるであろう」

［出エジプト記6章］

神といえども、人びとの不信を除去するには自ら行動するしかない。この後、神はモーセを通して合計十回の奇跡を起こし、ファラオを説得して、ついにイスラエルの民をエジプトから脱出させる。つまり、信頼を得るにはトップ自身が部下の前で「ヤッテミセテ、言ッテ聞カセテ、サセテミテ、ホメテヤラネバ、人ハ動カジ」なのである。

神エホバとイスラエルの民との関係がギクシャクしたのは、まず神が「ヤッテミセテ」をしないで、いきなり命令したからである。モーセも全面的に神に甘えて、自分の責任で行動しなかったから、民の信頼を勝ち得ることが出来なかったのである。

ビジネスの世界でも、リーダーが後方から命令するだけの組織や、リーダーが部下に甘える組織だと、相互不信を増幅する。

組織運営のポイント——舅エテロのモーセへの提案

組織の運営を常にチェックせよ

ビジネスの世界では、対外的に顧客や取引先との交渉で優位に立つことも大切だが、自分の会社や組織を効率良く運営することも大切である。その際、どのようなことに留意すべきか。この点について最も分かりやすいケース・スタディを提供してくれるのが、エジプト脱出後のモーセにミデアンの族長エテロが与えた助言である。

モーセの妻チッポラの父エテロは、アラビア半島西南部を支配していたミデアン人であった。エテロは、モーセとイスラエルの民が無事にエジプトを脱出した噂を聞いた。だが、あくまでも噂に過ぎない。日常生活の些細な出来事でも、又聞きは正確でない。大切なことは、噂にせよ報告にせよ、他人から聞いた事柄は現地に行くなり自分で確認することだ。

エテロはモーセの成功談を自分で確かめようと、モーセの妻チッポラとその二人の子とを連れて、ミデアン人の住む奥地から出てきた。エテロが到着した翌日のこと、彼は宿営の中をあちこちと歩き回り、イスラエルの民の生活を注意深く観察して回った。とりわけ、モーセがどのように六十万の民を統率しているか興味深くその様子を見守った。出エジプト記は、こう伝えている。

その翌日のこと、モーセは座って民の訴えを裁定し、民はモーセの周りに朝から夕まで立っていた。エテロは一部始終、観察した。そして言った、「きみは何をしているのか。なぜきみ一人だけが座っていて、人びとは皆きみの周りに、朝から晩まで起立しているのか」

モーセは舅《しゅうと》に答えた、「民がわたしのところへ神に尋ねてくれと来るからです。彼らは事が生じると、わたしのもとへ来ます。するとわたしは当事者のあいだを裁き、神の法とその指針を知らせます」

舅は彼に言った、「きみがやっていることは、よろしくない。きみも、一緒にいるこの民も、きっと疲れ切ってしまうだろう。きみがしていることは荷が重すぎる。きみ独りでいつまでも、それを行うことは出来ない。

今わたしの助言を聴きなさい。どうか神が、きみと共におられますように。きみは民と並んで神の真正面にいなさい。そして、きみ自ら事件を神のもとに提出しなさい。そして彼らに法と指針とによって警告を促し、彼らが歩むべき道と行うべき行為とを知らせなさい。きみ自身ですべての民の中から有能で、神を畏《おそ》れ、真実で、不正な利益を憎む人びとを見抜き、彼らを民の上に千人の長、百人の長、五十人の長、十人の長として任命しなさい。常に彼らに民を裁かせなさい。大事件はすべてきみのもとに持ち込ませ、小事件はすべて彼らが裁くようにさせなさい。こうしてきみから負担を軽くし、彼らがきみと一緒に責任を負うのである。もしきみがこのことを行い、神がこれを命じるならば、きみは座っていないで、自由に立つことも出来る。また、この民のすべてが各々の場所で安らかに暮らせるであろう」

モーセは舅の声に聞き従い、言われたことをすべて実行した。彼は全イスラエルから有能な人びとを選抜し、彼らを民の首長に任じ、千人の長、百人の長、五十人の長、十人の長として任命した。彼らは常に民を裁定し、難問はモーセに持ち込んだ。すべて小さい問題は彼らが裁定した。

モーセは彼の舅を見送った。舅は自分で自分の国へ帰った。

［出エジプト記18章］

老練なエテロの目には、指導者として経験の浅いモーセのやっていることの中に、足りない部分がたくさん映ったであろう。しかし、一度にあれもこれも注意しても実りは少ない。彼はいちばん大事なことを一点だけ問題提起することにした。

「なぜ、君一人だけが座っていて、人びとは皆、君の周りに朝から晩まで起立しているのか」

エテロのこの質問の意図は二通りに解釈できる。第一は、なぜ民を朝から晩まで待たせるのか。モーセは早朝から夕方までバリバリ仕事をやっているつもりだろうが、こんなに民を待たせるのは仕事の能率が悪いからではないか。作業の合理化と時間の短縮とを考えなければいけない。

第二の指摘は、いかにモーセがトップリーダーでも、モーセが座ったままで、民を朝から晩まで立たせていてよいのかということだ。神の前ではトップも庶民も平等なのではないか。民にも座って待たせてもよいのではないか。訴訟の仲裁や裁定を民がモーセのところに持ち込むことの是非は別に検討するとして、そもそも民を朝から晩まで待たせるというのは、本気で民の便益や福利厚生を考えていない証拠ではないか。

遊牧民の社会では、今日でも族長が部族内の紛争の裁定をする。たとえばサウジアラビアでは、国王と同じ部族のメンバーであれば、身分の上下、男女の別に関係なく、直接、国王に訴訟を持ち出せる。モーセも同様に民の訴訟を裁いていた。だが、彼は事務的に片付けず、いちいち神にお伺いを立て神託をもらってから決裁していた。烏合の衆六十万人のイスラエル人をエジプトから脱出させたとはいえ、まだ彼の権威も権力も確立していなかった。だから、権威づけのためにいちいち神にお伺いを立て、神託を得てから、おもむろに裁決を下していた。そのため、人びとを待たせる事態となっていた。

ビジネスの世界でも、実力のないリーダーはより上位の役職者などにお伺いを立て、その権威を借り、しかも尊大に命令を下す。その手間ひまと根回しのためにスピード経営が出来ず、業績さえも失速していく。

モーセが下す判決というのは、「法（ホック）と指針（トーラー）」の二部で構成されていた。法は規則だから、これを皆に周知徹底させれば無用な衝突は激減するはずである。指針はいわば倫理的常識であって、これまた普段から教育すれば、自然と皆が理性ある行動を取るようになるはずである。しかし、訴訟が多くて判決が間に合わないというのでは、法も指針もないに等しい。

原因は、モーセがすべての決裁とルールを独占しようとしたから、組織に無用の混乱が生じたのだ。いかにトップが善意であっても、トップが全部に目を光らさなければ安心できないという集団は、トップの疲労困憊とともに集団の疲弊分裂を招く。たとえモーセがカリスマ的であっても、個人の力には限界がある。

ホンダの本田宗一郎は六十歳になったとき、自分の限界を感じた。若い人たちとの感性の違いに気づいたのだ。そこでキッパリと社長職を退き、若い世代に経営のすべてを任せた。人生の晩年を迎えているエテロは、その経験と年輪の中から、ワンマン方式でいくモーセのやり方に潜む危険性を直感した。彼はきっぱりとした口調でモーセの非を指摘し、集団の組織化と教育、そして権限委譲の必要性を説いた。

組織運営に重要な六つの条件

その第一条件は、天のような公平さ、公正さ、そして客観的視野である。リーダーが私心や私見で物事を判断すると、組織全体を誤らせる。「どうか神がきみと共におられるように」と言ったのは、リーダーの上に天の導きがありますようにという意味だけではない。リーダー自身が神のような公平な視点で行動せよという戒めも含まれている。

第二の条件は、「きみは民と並んで神の真正面にいなさい」である。エテロは、リーダーが神の代理人になることに反対した。モーセは、神の代理人であるかのように、民を見下すようにして座っていた。それはリーダーの自己過信と増長を招きかねない。

神の英知がモーセとともにあるのであれば、へりくだって民と一緒に座ってもよいではないか。民と一緒に並び、民の気持ちを共有するのでなければ、自分の考えを神の決定であるかのように押しつける専制君主になりかねない。エテロは、どこまでも人間であることの謙遜を忘れないようにとモーセに促した。

神意を仰ぐのであれば、なおのこと人が神の代理人や仲介者になってはいけない。いかに社会的に偉くても、人はどこまでも人の友である。指導者が目に見えない超越者の前で真正面から頭を垂れるならば、その謙虚さが彼の判断を独断専横から守る。

第三の条件は、「きみ自ら事件を神のもとに提出せよ」である。議案の提出責任は、トップであるモーセが背負え。問題解決のための最終決定が下れば、その履行もモーセが責任をとれ。部下が引き起こした問題であるからといって、あるいは部下が起案した議題だからといって、トップであるモーセが知らなかったでは済まされない。部下の問題はトップ自身が背負う責任であり、部下が提起した議案はトップの関知事項であるべきなのだ。

第四の条件は、「法と指針の徹底」である。そもそも、社会生活をどう営むべきかについて、普段から行動規範を全員に教え徹底していないから、紛争やトラブルが発生する。社会常識や規範がない集団には、文化が培われることも難しい。組織が活性化し秩序立って動くためには、各自の個性を発揮する以前に、まず少なくともメンバーが共通の言語・共通の行動規範と共通の価値観をもつことが必要である。

第五の条件は、「分権と権限委譲」である。集団全体を機能的に組織化し、責任者に権限を委譲し、できるだけ多くの人びとに責任を分担してもらう。責任の一端を担うことによって、それぞれの自覚が深まり、末端まで組織の統制が取れるようになってくる。そうすればトップは仕事が楽になって、自由に立ち回る余裕も出来る。また、決裁に手間取り部下を不必要に長時間待たせることもなくなり、皆が快適に活動できるようになる。もちろん、トップの政権も安定し、組織全体も繁栄するようになる。

第六の条件は、人材の適正配置である。エテロの助言の中で最も興味深いのは、共同体の組織運営に任命すべき人物の資格要件である。エテロは言う。「有能で、神を畏れ、真実で、不正な利益を憎む人びとを見抜け」と。「有能な人」というのは、原文では「アンシェイ・ハイル＝力のある人びと」である。「ハイル」というヘブライ語は、「力、勇気、富、賢明さ」などいろいろな意味を持つが、ここでは金持ちの実力者という意味である。

エテロの意図は、金持ちであれば自分が金に困っていないから賄賂《わいろ》に目がくらまず、それでいて、なおかつ不法利益を憎む人であれば皆に公平に物事を配分するだろうという読みであった。また、真実を愛し神を畏れる人であれば、裁判を曲げたり偽証を受け入れたりはしないだろう。これらの条件を満足する人物を社会のリーダーとして起用すべきだと、エテロは提案した。

しかし、誰がこれらの要件を満たすかは、簡単に分かるものではない。ヘブライ語の原文では「見抜け＝テヘゼー」と命じている。候補になりそうな人物を一人ずつじっくり面接して、その力量を見極めてから、リーダーに任命せよというのである。

既得権を持った人間に新組織をゆだねるな

ところで、聖書のテキストは、「モーセは舅の声に聞き従い、言われたことをすべて実行した」と物語を結んでいる。だが、この続きの記述を注意深く読むと、必ずしも全部実行されたわけでないことに気づく。

すなわち、「モーセは全イスラエルから有能な人びとを選抜し、彼らを民の首長に任じた」と記述しているが、その人びとが「神を畏れ、真実で、不正な利益を憎む人びと」であったという確認についてまでは言及していないのである。つまり、モーセが選んだ人びとは、金持ちで実力者と呼ばれている人びとではあったが、倫理的で高潔な人物ではなかったのだ。あるいは、そういう条件をすべて満たす人材がいなかったのだ。

たしかにモーセはエテロの助言を入れて、イスラエルの民を組織的に統制する制度を導入した。これは、従来の十二部族が漫然と一緒になって行動していたときよりも、問題の処理の点でも効率的になった。

だが、人材を一新したわけではなかった。要するに、従来のまま部族を取り仕切ってきた各部族内の大ボスや小ボスを、新しく千人の長、百人の長、五十人の長、十人の長に任命したに過ぎなかった。それでも、組織統制をしないよりはベターであっただろう。

エテロがモーセに対して指導者の要件を教え、集団の組織化と自治の方向を示した功績は大きい。エテロは、モーセの神格化を回避させたばかりか、イスラエル民族自立のために、自治の方法を示した。

だが、舅エテロにとっては大きな幻滅であった。こういう中途半端な改革では、きっと後悔する事態が起きるだろうと、彼は案じた。この時点でのモーセには、既存の政治ゴロや大小のボスたちを更迭し、全面的に人材を入れ替えるほどの実力と権威が伴っていなかった。ちょうど、国家再編を始めたばかりのアフガニスタンで、大統領に就任したカルザイには肩書きほどの権力がなく、地方の豪族や部族長を更迭できなかったのと同じ光景である。

エテロはモーセの改革への失望を残したまま、自分の国へと引き揚げていった。果たせるかな、適格さを欠いた人物たちに自治を委ねたため、まもなくモーセの留守中に一部の者たちがモーセへの謀反を企て、金の子牛像を作り、偶像崇拝へ走り、神エホバの戒めを踏みにじる事件が発生する。

適切な人材の抜擢と配置、これはビジネスの世界においても永遠の課題である。

世襲のリスクを乗り越えろ

――大祭司エリとサムエルの失敗

世襲のスキャンダルを克明に伝える旧約聖書

日本では、中堅企業も中小企業もたいていは株式会社である。といっても、株式を不特定多数の投資家に公開しているわけではない。基本的には、創業者たちが株式の大半を保有する個人企業であり、その経営は世襲もしくは同族世襲で行われる。資本の安全と経営の独占を守るためには、一族が一致協力できるのであれば、家族または同族による世襲制が合理的である。その場合でも、経営の独自性を貫くには、サントリーの鳥居家や朝日新聞社の村山家のように、株式を公開せず非上場にしておく方がいい。

ところが、世襲であるがゆえにその既得権や特権を個人が乱用するケースも多い。その一例が大祭司エリの息子たちであった。

エリの息子たちは乱暴狼藉者で、神エホバを恐れなかった。従来のしきたりでは、人びとが犠牲を捧げるとき、その肉を煮ているとき、祭司の下僕《しもべ》が釜や鍋、大釜、鉢に三叉《みつまた》の肉刺しを突き入れ、肉刺しで引き上げたものは祭司の取り分として認められていた。ところが、エリの息子たちは、人びとが肉を煮るときばかりか、神への供物として脂肪を煙らせる前にも下僕をよこし、犠牲を捧げる人びとに、「祭司のために焼く肉を与えよ。祭司はあなたから煮た肉を受けない。生肉がよい」と言っていた。その人が、「まず脂肪を神のために焼かせましょう。その後ほしいだけ取ってください」と言っても、「いま生肉をよこせ。くれないなら、力づくで取ろう」と言っていた。このように、彼らは神への供え物を軽んじた。それに、神殿の入り口で勤めていた女たちと寝るという事件も起こしていた。

［サムエル記上巻2章］

聖書は、イスラエルの大祭司エリの息子たちが職権を濫用して慣例を無視し、民の供物を余分に強奪していたばかりか、神殿の外で雑役を務める女性たちとの間にスキャンダルを起こしていた事件も告発している。汚職を続ける息子たちに対して、いずれ天罰が下るぞと、神エホバは少年サムエルを通して警告を発していた。それにもかかわらず、彼らは自分の行為を改めなかった。なぜ息子たちが暴走したか。一つには大祭司エリが高齢で失明していたからである。

ここでビジネスマンとしての発想がある。エリの物語を身体的な失明だけで終わらせてはならない。経営の盲点という問題にも広げて、シミュレーションをしてみるのだ。組織の頂点に立つトップが、経営管理をきちんとしていないとどうなるか。現場で何が起きているかトップには分からないだろうという思い上がりが、ＮＨＫの一部のマネージャーたちの公金流用を可能にした。

編集監修料という口実で、社会保険庁ではパンフレット発行のリベートを正当化していた。地方自治体では、職員補助の名目で裏給与がまかり通っている。

このまま放置していいはずがない。聖書の物語では、対ペリシテ戦争においてエリの息子たちが戦死し、十戒を収めた聖櫃も奪われ、エリは悲報に接して死んでしまう。つまり、職権濫用や汚職が続けば、いずれその報いが当人ならびに一族に及ぶばかりか、社会全体がその被害を蒙《こうむ》る。これが世の中の理《ことわり》なのだ。それは、世間からのしっぺ返しの形になるか、自業自得の形になるか、いずれ越権逸脱行為に対する天罰もしくは清算の時期が到来する。

カリスマ性にも寿命がある

もっと恐るべきことは、少年時代に大祭司エリの息子たちの堕落を糾弾したはずのサムエル自身が、老齢になると自分の息子を指導できなくなったことだ。精神的盲目というか、息子を溺愛していたのであろうか。南の戦略拠点べエルシバに彼の代理で遣わした二人の息子が汚職に走った。そのことに対する民衆からの批判が、彼の権威を失墜させた。

青年期から壮年期にかけてのサムエルは物事の本質を見抜き、時間や空間を超えた事象の予見も出来るカリスマを具えていた。その威令は全イスラエルに及んだ。彼の号令で宿敵ペリシテ人との戦いに勝利し、領土回復さえ実現した。モーセに次ぐカリスマ的預言者として、尊敬されていた。だが、身内をコントロールできない者に、国家の最高責任を預けてよいはずがあろうか。

こうした民衆の不信感が、サムエルに代えてイスラエルにも王制を導入するという政治改革の導火線となった。その経緯を、聖書は次のように記している。

　サムエルは老いてきたので、その息子たちをイスラエルの裁判官に任命した。彼らはベエルシバで裁判官であった。しかし息子たちは父の道を歩まず、利得の後を追い、賄賂を取り、裁判を曲げた。

　イスラエルの長老たちはみな集まってラマにいるサムエルのもとにきて言った、「あなたは年老いた。あなたの息子たちはあなたの道を歩まない。今、ほかの国々のように、われわれを裁く王を、われわれのために立ててください」

　しかし、彼らが「われわれを裁く王を与えよ」と言うのを聞いて、サムエルは喜ばなかった。彼がエホバに祈ると、エホバはサムエルに言った、「民があなたに言う声にすべて聞き従え。彼らが捨てるのは、あなたではない。わたしを捨てて、わたしが彼らの王であることを認めないのだ。彼らは、わたしがエジプトから連れ上った日から今日まで、彼らはわたしを捨て、ほかの神々に仕え、さまざまのことをわたしにしたと同様なことを、あなたにもしているのだ。しかし、今、その声に聞き従え。ただし、これまでの不従順を証拠をもって彼らに付きつけ、なおかつ王が彼らを統治する際の法を彼らに示せ」

［サムエル記上巻8章］

サムエルが持っていたカリスマとは、神から賜った特別の資質という意味だ。神から付与された能力と権威は、直接、民衆のために使うものである。たとえ息子とはいえ代理を通してその権威を行使しようとしたことは、カリスマの乱用であった。このため、サムエルの能力にかげりが生じはじめたのだ。

現在の組織に不満を持つ人びとの犯しやすい過ち

右の記録を読んで、いくつか気がつく点がある。まず、長老たちがわざわざサムエルのところに来て要求した一言である。

「あなたは年老いた。あなたの息子たちはあなたの道を歩まない。今、ほかの国々のように、われわれを裁く王を、われわれのために立ててください」

ここには三つの問題がある。

第一に、老害である。自分では若いと思っていても、周囲から見ると時代感覚が合わなくなっている。ユダヤ人の社会では、六十歳で長老の仲間に入る。その長老たちから、「もうあなたは年老いた」と宣告されたのである。自分では老いていないつもりでも、周囲の人びとから「あなたは年を取られましたね」と言われたら、それは引退の潮時なのである。

第二に、後継者に据えようと思っている近しい者が、必ずしも適材ではないということである。しばしば、後継者候補は現在の指導者と近い関係や近い距離にある。そのため、本来はトップに帰属する特権や権力を、後継候補者が私物化し乱用しはじめる。一方、個人的情愛や贔屓《ひいき》の感情にとらわれると、トップが直属の部下を厳重処罰することは稀で、職権乱用は野放しになる。それがまた体制の崩壊を早める。

第三に、現在の体制に不満を持つ人びとは、他社や他の国々のシステムを導入すれば問題が解決すると、安易に考えがちだという点である。

他社では社外重役制度を採用している。では、わが社でも社外重役制を採用しよう。他社では分社化を始めた。では、わが社でも事業ごとに分社化しよう。アメリカでは企業の資産を時価評価しはじめた。では、日本でも資産を時価評価しよう。ヨーロッパで、国有企業の民営化が進んでいる。では、日本でも民営化しよう。こういう安易な動機で改革を導入するのは、一時的効果をもたらすことがあっても、長期的には失敗する。

未来を吉に発展させるか、それとも凶に窮めるか、これは毎日の行動の蓄積次第なのである。歴史を予見することは困難であるとしても、今日・明日を最善に仕上げることは可能である。つまり、今日現在の個々人の行動が未来への軌道を敷くことになるのである。

大祭司エリ家の運命やサムエル家の腐敗を、一部の大企業・大銀行の崩壊という図式に当てはめると、聖書の教訓の意図がよく分かる。

第8章

人を引きつける人望を培う

リーダーの人望を探る
——亡命したダビデを慕う人びと

人望にあってリーダーシップにないもの

人間社会で暮らしていくからには、人間関係の善し悪しを無視できない。人望がある人、人望がない人。取り立てて大きな仕事はしていないが、人びとから慕われてリーダーに推される人。際立った能力や才能があるのに、どうも周囲の人びととそりが合わないし、部下もついてこない人……。一体、何が違うのか。

人望はリーダーシップと密接な関係があるものの、人望がすなわちリーダーシップではない。人望は他人に命令しない。リーダーシップは他人に命令する。リーダーシップは天性のものもあるが、ある程度はスキルとして習得可能でもある。だが、人望は学習によって得られるものではない。しかし、人望のある人びとの生活や態度をつぶさに観察してみると、なぜ彼らに人望が集まったたか、その秘密の一端が見えてくる。

聖書の中で最も人望が厚く、大勢の人びとから慕われたのはダビデである。彼は死後三千年たった今も、ユダヤ人だけでなく世界中のキリスト教徒からも慕われている。その証拠に、彼の名前はユダヤ人だけでなく、キリスト教徒の間でもファーストネームとして使われている。ヘブライ語ではダヴィーッド、英語ではデイヴィッド、アラビア語ではダウードだ。一説によると、ダビデという名前そのものが「愛される者」という意味で、もともと彼のファンたちから贈られた愛称であったらしい。

ダビデの亡命にみる〝敵の敵〟は味方

ダビデは少年時代から数々の武勲を立て、国民的英雄であった。彼は王女ミカルとの結婚を許され、幸福の絶頂のように見えた。だが、人気があることと人望があることとは同じではない。人びとはヒーローやアイドルを歓呼の声と拍手で迎える。人びとからの賞賛と絶賛を浴びて、ヒーローは自分が世界の王者になったような錯覚さえ持つ。だが、人気を得る反面、それを嫉妬する勢力を生じさせてしまう。

ダビデの場合は、彼が武勲を上げるたびに国王サウルから嫉妬され、ついに暗殺されそうになった。こうなると、昨日まで彼を賞賛していた大半の人びとが顔を背け始めた。彼の名前を口に出すことさえしなくなった。もちろん、彼をかくまってもくれない。彼と義兄弟の契りを結んだ王子ヨナタンでさえも、ダビデを庇《かば》い切れなくなっていた。

人気とは、しょせん浮気っぽいものである。人気は、もともとヒーローと民衆との距離が前提で成立している。民衆も自分の身の安全を真っ先に考える。たとえヒーローでも、彼が権力者に狙われる存在となれば、民衆はヒーローから顔を背ける。

ダビデは辛うじてサウル王の暗殺者の手から裸一貫で逃れた。もはや国内には身を隠す場所もない。彼は敵国ペリシテのガテの町へ亡命を試みる。その箇所から、聖書を読んでみよう。

ダビデはサウルの前から逃げ、ガテの王アキシの町へ来た。彼は王の前に引き出された。アキシの家来たちはアキシに言った、「これはあの国の王ダビデではないですか。人びとが踊り歌いながら、『サウルは千を撃ち、ダビデは万を撃った』と囃《はや》したのは、こいつに関してですよ。こんなやつをかくまうわけにも、生かしておくわけにもいきませんよ」。これを聞いてダビデは、アキシ王の前で震え上がった。

とっさにダビデは人びとの目に狂人と映るように、狂人の振る舞いをした。彼らに捕らえられながら大袈裟に騒ぎ、門の扉を打ち叩き、よだれをヒゲに流した。

アキシは家来たちに言った、「見よ、この者は狂人だ。なぜ彼を、わたしの方へ連れて来たのか。わたしに狂人が不足なのか。こんな狂人を、わたしの家へ連れ込むのか」。そう言って、王は彼を町から追い出した。ダビデはそこを去り、ペリシテの国境に近いイスラエル側のアドラムの洞窟へ逃れた。彼のきょうだいたちと父の家の者全員がそれを聞き、彼の方へとそこに下って来た。虐待されているすべての人びとと、負債のあるすべての人びとと、心に不満のあるすべての人びとが、彼の下に群がって来た。彼はその指揮官となった。彼と一緒にいたのは、約四百人であった。

［サムエル記上巻21章］

主君サウルから命を狙われたダビデは、こともあろうに、いきなり敵国へ亡命を試みた。だが、根回しのないまま敵中へ飛び込んだために、誰も彼が亡命して来たとは認めてくれない。ペリシテ人にしてみれば、ダビデは依然として敵イスラエルの英雄である。最も憎い相手である。

身の危険を感じたダビデは、にわかに狂人を演じる。その精神錯乱ぶりは真に迫っていた。ガテ王アキシは、狂人となったダビデに報復するとか、今さら痛めつける気にもならなかった。厄介者は放逐した方がいい。ダビデは早々にガテの町から追放されてしまった。

人望はテクニックやスキルでは身につかない

ダビデがペリシテ側に亡命した。しかも発狂している。廃人となったダビデ。このニュースはすぐにイスラエル側にも伝わったであろう。こうなると、イスラエル側でもダビデを惜しむ声は消え、人びとは早急にダビデのことを忘れ始めた。こうして彼は、ともかく追手の捜索を振り切ることに成功した。そして彼は、ペリシテとイスラエルの国境地帯、アドラム峡谷の奥深くにある洞窟、大鍾乳洞に身を隠した。それ以外に、明日のわが身の安全さえも確保できないほどに、英雄ダビデは無力になっていた。

ところが、どうだろう。今度は四百人もの人びとが、彼を慕って山中のダビデのもとに集まって来たのである。政権から迫害されている人びと、借金が返済できないで、あとは自分も家族も奴隷になる以外にないほど切羽詰まった人びと。その他、サウルの政権に満足できない人びとであった。
ダビデが国家権力の中枢を離れ、独自に彼の道を歩き始めたとき、その姿を見てこれらの人びとは、ダビデなら自分を理解してくれるのではないかと個人的に親近感を持ち始めたのである。それればかりか、自分の生活を投げ捨てて、荒野のダビデのもとに群がり集まって来はじめたのである。

人びとは、自分たちの悲しみや悩み、苦しみを理解してくれる人物のもとに集まる。亡命し、追放され、苦労したダビデであればこそ、快く他人の心の訴えに耳を傾け、聴いてあげられるようになった。

人望とは、技術やスキルではない。人望は、リーダーに寄せる人びとの信頼と尊敬である。だが、リーダーが強いだけでは人望は得られない。強いリーダーが弱い者へ共感を示して初めて人望が生じる。

自ら人生の崖っぷちを経験し苦闘してみると、苦しんでいる人びとの気持ちが理解でき、素直に人びとと共鳴共感できるようになる。これが人望への第一歩なのである。

支持と信頼を勝ち取る法

――王子アブサロムのクーデタ

アブサロムが成功した人望の見せ方

人望は技術やスキルではないとはいうものの、人びととのコミュニケーションを抜きに、人びとからの信頼を勝ち得るものでもない。ということは、コミュニケーションの仕方によっては人びとからの信頼を築くことも可能なのである。逆境をはねのけ、積極的に人びとから支持を集めた例として、聖書の中ではダビデ王の第三王子アブサロムの生き方から学ぶ点が多い。

ダビデは主君サウル王がペリシテ軍との戦争で戦死した後、再びイスラエルに戻り、第二代目の王となった。彼の治世は四十年に及んだ。晩年になっても、彼は皇太子を指名しなかった。そのため、宮廷では次期王位をめぐって、王子たちやその取り巻きも含めて、さまざまの駆け引きが始まっていた。

ダビデには息子が十七人いた。いずれも異母兄弟である。ほとんどが政略結婚の結果である。その中でも際立っていたのは三人の王子であった。第一王子アムノンは、肥沃なエズレル平原の豪族の娘を母にしていた。第三王子アブサロムは、北方ゲシュル国王タルマイの娘が母であった。第四王子アドニヤは、ユダ族の名門ハギテの血筋を引いていた。これら三人の王子は、それぞれ母親の実家の権勢をバックにして、密かに王位継承を狙っていた。

第一王子アムノンは第三王子アブサロムの妹タマルに恋をし、彼女を寝室に引き込み強姦するというスキャンダルを起こしてしまう。その復讐でアブサロムはアムノンを殺し、母の実家ゲシュルに亡命する。三年後、父ダビデに赦《ゆる》されてエルサレムに帰るが、さらに二年間、事実上の謹慎を命じられていた。その間、彼はどうすれば王位を父ダビデから奪えるか、クーデタの方法を考え続けたのであろう。謹慎が解けると、アブサロムは慎重に行動を開始した。聖書は、彼がクーデタを起こすまでさらに四年の歳月を重ねて準備したと語っている。


この後、アブサロムは彼のために戦車と馬、および彼の前に駆ける者五十人を備えた。アブサロムは日の出とともに起床し、エルサレムの門の道の傍らに立つのを常とした。

人が訴訟のために王に裁判を求めに来ると、アブサロムはその人を門で呼び止めて言った、「あなたはどの町の人ですか」。その人が「私はイスラエルの○○部族の者です」と言うと、アブサロムはその人に言った、「見よ、あなたの要求は良く、また正しい。しかし、あなたのことを聞くべき人を王がいまだ任命していない」。アブサロムはさらに言葉を続けた、「ああ、私がこの地の裁判官であればよいのに。そうすれば訴えや申し立てのある人は、みな私のところに来て、私はこれに公平な裁判を行うことができるのだが」

その人が彼に近づき平伏しようとすると、彼は手を伸べ、その人を抱きかかえて接吻をした。アブサロムは、王に裁判を求めて来るすべてのイスラエル人にこのようにした。こうしてアブサロムは、イスラエルの人びとの心を自分のものとした。　［サムエル記下巻15章］

ダビデ王の第三王子アブサロムは、四年間、毎朝城門の前に立ち、国王に争議の裁定を求めにくる人びとに、ねんごろな言葉をかけた。王に訴訟を持ち込むのだから、小さな事件ではない。金銭貸借とか遺産配分とか、利権にからむ厄介な争いが多い。訴訟は全国から持ち込まれるし、それぞれ地方の資産家や有力者の場合が多い。こういう層を支持者に巻き込もうとした。

ただし、訴訟の一方の肩を持てば、他方の恨みを買う恐れがある。アブサロムは誰に向かっても「あなたの要求はもっともで、現実的だ」と言った。彼は、相手の訴えが正しいとまで言ったわけではない。だが、訴訟人にしてみれば、王子が自分の言い分を支持してくれたものと解せる。彼は、王に裁判を求めるいずれの側をも魅了し、全国に支持者を広げていった。

ダビデ王の目には、アブサロムの姿は国民の声をこまめに聞いていると映った。まさか反乱を企んでいるとは見えず、むしろ王位継承候補の一人として三男坊はよくやっていると思えた。

人心をつかむカウンセリングの基本

四年後、機が熟したと見たアブサロムは、ダビデ王国の旧都ヘブロンで即位を宣言した。ヘブロンは、ダビデ自身がそこで王に推挙された町であり、ダビデの支持基盤である。加えて、アブサロムは王の枢密顧問アヒトペルを召し出し、自分の名代として神に犠牲を捧げさせ、アブサロム新政権が保守派の支持を得ていることを世間に誇示した。彼はあらかじめクーデタを角笛の音で全国に知らせる手配をしていた。当時のイスラエルは南北三百キロほどしかない小さな王国だから、ものの三十分から一時間後にクーデタのニュースが国中に伝わった。それを合図に、訴訟でアブサロムに心酔していた各地の要人が続々と支持を表明したものと推察される。

クーデタの知らせを聞いたダビデ王は、少数の側近と警護の外人部隊とに守られて、辛うじてエルサレムを脱出した。アブサロムが反乱を起こした時、ダビデ王はすでに六十七歳の高齢であった。皇太子の指名をしていなかったから、七名にのぼる王子たちの間での後継者争いは熾烈化し、その中でもとくに有力なアブサロムが実力行使に及んだわけである。

このアブサロム物語と酷似したクーデタが一九九五年六月二十七日、カタールで起きた。父王ハリファ首長の外遊の留守中、皇太子ハマッドが国軍の支持をバックに全権掌握を宣言した。背景には、六十歳を越えても譲位しない父王と四十五歳の皇太子の反感があったという。ハリファ首長自身も七二年に当時のアフマッド首長の不在中に政権を奪っている。歴史は繰り返す。

クーデタの賛否は別として、アブサロムの人心掌握方法には学ぶべき点が多い。心から相手の話に耳を傾け、あいづちを打ち、励ましの言葉をかけてあげることはカウンセリングの基本である。一に傾聴、二にあいづち。これを実行すれば、あなたはさらに人びととの支持と信頼をかち取ることができる。

第9章

壁に突き当たったらどう突破するか——

自己をどう突破するか——イスラエルの名前

ヤコブとイスラエルの十二部族

ビジネスの世界で活躍していると、仕事が順調に運んでいても、時おり自分自身の内側に説明のつかない不安感、挫折感が込み上げてきたりする。順調に運んでいるだけに、先が見えないというか、この先の展開に一抹の心配を感じるのである。そういう場合に、どうすれば自信を回復できるか。この問題について、ある夜のヤコブの内面の葛藤が参考になろう。

ユダヤ人は自分たちをイスラエルの民という。これは彼らの先祖ヤコブが別名イスラエルと呼ばれていたことに由来する。ヤコブには十二人の息子がいた。ルーベン、シモン、レビ、ユダ、イッサカル、ゼブルン、ヨセフ、ベニヤミン、ダン、ナフタリ、ガド、アセルである。これらから、いわゆるイスラエル十二部族が発生した。

しかし紀元前七七二年、北の十部族から成るイスラエル王国がアッシリア軍によって滅ぼされ、指導者たちはメソポタミア各地に強制連行され、イスラエル王国は消滅してしまった。残されたユダ族とベニヤミン族の首都エルサレムは紀元前五八六年のバビロニア軍侵攻で敗北し、要人たちはバビロニアに連行された。だが五十年後、バビロニアに代わってオリエントの覇者となったペルシャによって解放され、再度エルサレムを再建し、ユダヤ国を復興させた。以後、イスラエルの民は彼らを中心とした民族集団となり、ユダヤ人とも呼ばれるようになって今日に至っている。

さて、そのヤコブがイスラエルという新しい名前に変わった経緯は、次のような次第である。第2章の「相互不信の対立を解消する方策」の項で紹介した物語に前後する記事であるが、彼は兄エサウへの贈り物を出発させた後、マハナイムという地点で一泊した。そこは、深い峡谷の間を谷川がS字型に蛇行し、両側に断崖絶壁がそそり立つ寂しい谷底である。わずかにヤボクという場所だけが浅瀬になっていて、谷川を徒歩で横断できた。

ところで、彼はその夜起きて、二人の妻と二人の側女と十二人の子供を連れてヤボクの渡し場を渡った。彼は彼らを強制的に連れて川を渡らせ、また彼の家畜や使用人たちも渡らせた。ヤコブは一人あとに残った。

すると、一人の男が暗闇の中に現われ、夜明けまで彼と格闘した。彼はヤコブに勝てないのを見て、ヤコブの股の関節にさわったため、ヤコブの股の関節が格闘中に外れた。

彼は言った、「わたしを去らせろ。曙光が上ったから」。ヤコブは答えた、「いや、わたしはあなたを去らせない。わたしを祝福してくれない限り駄目だ」

彼は言った、「あなたの名は何か」。ヤコブは答えた、「ヤコブです」。彼は言った、「あなたはもはや名をヤコブではなく、イスラエルである。なぜなら、あなたは争い、人びとと争い、そして勝ったからである」

ヤコブは尋ねて言った、「どうぞ、わたしにあなたの名を告げてください」。だがその人は、「なぜわたしの名を尋ねるのか」と言って、その場所で彼を祝福した。

［創世記32章］

ヤコブは、先発の贈り物部隊を送り出すと、これで兄との再会もうまくいくだろうと安心した。ようやくホッとして、家族ともども就寝した。しかし、寝ながらいろいろ考えた。朝になると渡し場が混雑する。彼は莫大な財産、つまり家畜や奴隷たちを連れて帰ってきていた。そこで人目につかない夜の間に、皆を起こして向こう岸に渡した。だが、なぜか彼だけが一人ぽつねんと、こちら側の岸に残った。

「ヤコブは一人あとに残った」という一句を原文で読むと、「ヴァイヴァテル・ヤアコブ・リバドー」である。これは、「ヤコブは一人自分を持て余してしまった」という意味だ。

ヤコブは、妻も女子供も、家畜も、それこそ全部を川の向こうへ渡してしまった。しかし、最後に何かふっ切れない釈然としない思いが、川を挟んでこちら側に残っている。何かを運ばないといけないのだが、どうもそれが分からない。それがよく分からないから、渡し場に何となく居残ってしまった。

自分の過去と格闘しろ

やるべきこと、考えつくことは、すべて行った。あと自分に残っている課題とは何か。ヤコブは、いろいろと思いを巡らした。仲直りするというが、単純な便宜的仲直りか。自分なりに一家を成したが、なぜまだ兄と父の相続権を争っているのか。自分は本気で兄と和解したいのか。故郷で自分は今後どう生きたいのか。そういうおまえの命は一体、誰のものなのか。故郷へ帰るとはどういうことか……。

考えれば、考えるほど、さまざまの思いが湧いてきた。そして一番大きな課題に気がついた。それは、自分自身であった。ヤコブが対岸に運んでいなかったもの、それは彼自身であった。家畜、家財、家族は、究極的には自分ではない。自分以外のものを運んでいるときには、彼はこの川を何度でも往復できた。

自分自身というものが運べないから、ヤコブはまた戻って、一人残った。そこに最後の葛藤があった。彼は自分の中にあるもう一つの自分と闘わねばならなかった。それは何か。直接的には、それは兄エサウに対する恐怖であった。兄に殺されるのではないかという危惧が、彼の足を躊躇させていた。

ヤコブが闘っていたもう一つの相手は、自分の運命に対する不信であった。彼が全能者を全面的に信じきっていないことが、彼に勇気のない原因であった。

自分の中に潜む恐怖と不信との決闘、それが、ヤコブと天使との格闘に象徴されている。天使とは、自分を守ってくれる存在である。観点を変えてみると、天使とは神に対するヤコブの甘えと依存心の象徴である。外見上、ヤコブは人の親となり、一家の主人になっているが、心の中に甘えという幼児性を抱えている。ヤコブはカナンを前にして、これらの問題を克服しておく必要があった。天使との組み打ちは、ほかでもない自分自身との格闘であった。腰の筋を外されても、ヤコブはなお食い下がった。最後に、天使の方が根負けした。僅差でヤコブは、自分自身の心に打ち勝った。これで、やっと彼も川を渡る決心がついた。

ヤコブが天使との格闘に勝利したことを記念して、神は彼に、「イスラエル＝神と戦う者、神に食い下がる者」という名前をくれた。彼のこれまでの名前ヤコブは、「だます者、踵《かかと》につく者」の意味である。だますにせよ、他人の踵につくにせよ、彼はいつも他人の後を追っていたわけだ。

考えてみれば、ここで彼が格闘したのは自分の過去とである。自分の未来との格闘ではない。ヤボクの渡しを越すまでのヤコブの発想は、いつも既存のものの後を追うばかりで、未来性、独自性に欠けていた。自分の問題にとことんまで挑むことを避けていた。

自分とは何者だ。自分はどこから来て、どこへ行こうとしているのか。これは聖書中の主人公ヤコブだけのテーマではない。私たちも物事が順調に推移し、成功のゴールイン寸前にこそ、自分を見つめなおす孤独がほしい。一本の川を前にして、人生を顧み、自己自身の甘えと対決することは、私たちにとっても一度は必要なことである。

ヨブ記を読もう

——突然襲ったヨブの不幸

ビジネスの壁と人生の壁

ハイテク支援の世界的なベンチャー・キャピタル「デフタ・パートナーズ」の本部はサンフランシスコにある。この会社は一九八四年にカリフォルニアで設立され、テルアビブ、ロンドン、ソウルに地域本部を置き、米国のみならず中東、欧州、極東、アジア全域で精力的活動をしている。とくにポスト・コンピュータ時代の技術の中心となるPUC（パーベイシブ・ユビキタス・コミュニケーション）分野の技術開発を応援している。また毎年、国連、パリ、北京など世界を舞台に情報技術の国際会議アライアンス・フォーラムを開催している。

このデフタ・パートナーズの会長・原丈人氏は、慶応大学卒業後、中南米で考古学の発掘をしていた。その後スタンフォード大学でMBA（経営学修士）を取り、光ファイバー技術で大成功し、その利益を基にベンチャー・キャピタルを設立したという異色のキャリアである。だが、この輝かしい経歴を持つ原氏は言う。

「どんなに優れた技術を持つベンチャー企業でも、ビジネスが成功の軌道に乗るまでに最低でも二回は倒産しそうになる」

この発言の裏には、光ファイバー技術を事業として成功させるまで彼も幾度かぎりぎりの局面に立たされた経験があるのだ。そうしたビジネスの壁、人生の壁に直面したとき、われわれはどうすればいいのか。そうした際、参考になるのが『ヨブ記』というドラマである。

ヨブの試練

主人公ヨブは信心深い人で、しかも彼に並ぶ者がいないほど富裕な成功者であった。彼はヨルダン川下流の東岸、ウズの地に住んでいた。彼には七人の息子と三人の娘がいて、ヒツジ七千頭、ラクダ三千頭、ウシ一千頭、雌ロバ五百頭を保有し、非常に多くの下僕を持っていた。

そのヨブが人生の試練に遭う。彼が神に対して本当に忠実であるかどうかを探るために、神はサタンに命じ、一日にして彼の息子、娘全員と全財産を失わさせた。そのとき、ヨブは言った。

「はだかで、わたしは母の胎から出てきた、
だから、はだかで、あそこに戻ろう。
エホバが与えてくださったし、エホバが取り去ったのだ。
エホバの御名こそが、称えられますように！」

［ヨブ記1章］

人生、自分が裸で生まれてきたことを思えば、何事でも我慢できるのではないか。裸で、無防

備で生まれてきたにもかかわらず、今日まで無事に成長し、かつ無事に過ごしてくることが出来た。そう思えば、目の前の苦境に対して、何とか自分で自分を慰めることもできる。そう思ってここをしのげば、また再起できるのではないか。

もともとヨブが大成功者であったということ自体、それは彼が努力してきたことの証しである。財産を失ったことは口惜しいが、また努力すれば再建も不可能ではない。一代で大事業を築いた人びとは、事業構築のノウハウが身体に刻み込んでいる。だから、口惜しさと裏腹に、失望はしない。

一日にして全財産を失えば、たいていの人は神を呪い、不幸な運命を恨むものだ。しかし、どん底に突き落とされても神を呪うどころか、神への信仰を失わないヨブを見て、サタンはさらに揺さぶりをかけた。サタンは、彼の全身に悪性腫瘍を吹き出させた。古代の常識では、それはライ病であった。その結果、彼は周囲の社会から全面的に断絶され、隔離され、家族からも使用人たちからも嫌われる存在となった。町の外に追放され、人びととの接触も禁じられた。人びとの目に、これは天罰に映った。

そこからヨブの疑問が始まった。善人は善によって報われるべきであるのに、何も悪いことをしていない自分になぜ不幸が臨むのか。どう考えても、こんな不幸を招来させた原因が自分自身にあるとは思い当たらない。

ヨブは考えた。自分に非があっての問題ならば、己れの行為を改めればよい。自分には非がなく、他人に非があったり誤解したりして生じた問題ならば、己れの所信を貫いて自己の正しさを立証すればよい。苦しい問題に直面したからといって自殺するのであれば、真実を隠蔽し自分を甘やかすことに他ならない。

自己点検と理性

ヨブのように裕福な人でも経済的奈落に突き落とされると、毎日、日給が支払われる日雇いの方がまだ幸せに思えてくる。回復の見込みがない重病にとりつかれると、いかに重労働で危険に満ちていても、いずれ除隊できる軍隊生活の方が、希望が持てる分だけ、まだましなように思えてくる。

ビジネスマンにとっての危機は失業と疾病である。そのとき、あなたはヨブの愚痴を思い出す。

「地上は人にとって兵役ではないか、彼の一生は日雇いの日々のようなものだ。奴隷のように日影を慕い、日雇いのようにその賃金を望む。しかし、私が相続したものといえば、空しい毎月、私の取り分は苦労の毎夜である」

［ヨブ記7章］

מוחרים כלוס: כרח חלכים, ולח

ヨブ記がわれわれに投げかける問題提起は、われわれが主人公ヨブに同情できるかではなく、むしろ平穏無事な普通の生活ができている時に、自分自身の実像を見据え、そこでの幸福の意義を明確に自覚しているかどうかである。自分の生への感謝をしているか否かの点検なのだ。日頃から自分の在り様を正確に把握していれば、どんな時にも自分の潔白を主張できる。だが、これが意外と難しい。

אוחרים כלום: כרת אלהים, ולא

「たとい私は正しくても、私の口が私を悪人に仕立てる。

たとい私が無実であっても、私を頑固者に変えてしまう。

無実だ、私は！　だが私はわたし自身を知らない。私はわが生を厭うばかりだ」

［ヨブ記9章］

ヨブは言う、「たとい私は正しくても、わが口は私を悪人に仕立てる」と。

人びとは、「そんな馬鹿な、自分で自分を悪者に仕立てたりするものか」と反論する。だが、現実には、真実を語れば語るほど、周囲の者たちがそれを嘘だと決めつけて、無実の人を罪に陥れることは少なくない。正直者を周囲の陰謀で悪人に仕立て、濡れ衣を着せる。

ヨブも同様であった。彼は悪いことをした覚えが自分にない。だが一方で、彼の身に振りかかった災難の数々は、世間の人びとの目には天罰だと映った。とりわけ、ライ病は神の怒りに触れた結果だと、人びとは信じていた。だから、彼が自分は無実だと叫べば叫ぶほどに、周囲の人びとは「それでは、おまえはなぜライ病になったのだ。おまえが自分を正しいと主張すればするほど、おまえはウソを重ねているのだ」と、彼を非難する。皆から非難され、信用を得ない自分を見るにつけ、ヨブは「無実だ、私は！」と叫びながら、その反面では、「私は私自身が分からなくなった」と告白せざるを得ない精神状況に追い詰められていく。

善人で、なおかつ肝っ玉が小さいと、人びとの糾弾者の前に萎縮し、自信を喪失してしまう。無実なのに警察に誤認逮捕され、刑事の厳しい取り調べを受けていると、いつしか自暴自棄になって相手の言いなりに同意してしまう。しどろもどろに返答をすると、かえって追及されてしまう。人間であるからには理性的でないといけないのだが、自分のその理性を信じられなくなるのが、これまた人間の性なのである。

絶望する前に

ヨブのような不幸に襲われると、人はいっそのこと死んだ方が楽だと望むようになる。しかし、死は解決にならない。人間も含めて宇宙のすべてのものは、存在するために創造されたのである。自殺を選ばない限り、われわれは存在し続け、なおかつ存在の意義を模索し続けなければならない。

ヨブは大富豪であっただけに、破産した現状での苦衷は察して余りある。だが破産や疾病は人生の終わりではない。障害は前進の証しである。運命が人を試みている時、苦難の理由を誰に問いかけても、納得のいく答えはない。だが、神が沈黙し、運命が応答しないからこそ、ヨブは別の角度から自分の不遇を考え始める。彼は言う。

「見よ、神は私を殺すであろう。
私は絶望だ。しかし私の道を彼の前に私は主張しよう。
彼こそ私の救いである。
なぜならば神の前に悪人は来ることができないからだ」

［ヨブ記13章］

「見よ、神は私を殺すであろう。私は絶望だ」と彼は言うが、ヘブライ語の原文では、「見よ、彼は私を殺す。私は恐れない」とも解釈できる。「なぜならば神の前に悪人は来ることができないからだ」の悪人と訳したヘブライ語の原文「ホネフ」とは、「へつらう者」の意味だ。神にへつらう者は神の前に進み出ることを恐れる。だが神にも運命にもへつらわないヨブは、己れを偽らず、かえって自分の道を神の前に主張することに希望を見出したのである。そこにヨブの強気と積極さの秘密があった。

ビジネスにおいても同様である。自分の側に過失や過誤がないのであれば、早々にあきらめず、まずは自分の主張をきちんと相手に述べるべきである。通常は、相手も公正を望んでいる。ただし、自分が正しいと信じるあまり、正義を主張しすぎて先方の感情を害する事態になることもある。どのように、こちらの主張を相手に伝えるか。

それには、まずは落ち着いて相手の主張に耳を傾け、相手の話にうなずいてあげることだ。そのうえで、おもむろに、かつ静かに、こちらの主張を説明することだ。人は自分の意見を受け入れてくれる相手については、その意見をも受け入れてくれるからである。

信念の貫き方

聖書を振り返ると、正しい人であるのに周囲から敵視された人物が大勢登場する。勇将ダビデは主君サウル王から疎まれ、その生命を狙われた。預言者エレミヤは同胞から売国奴と告発され、採石場跡の岩牢に監禁された。だが、彼らは肉親や同胞を憎んでいたわけではない。ただ、彼らの信念とすることが、周囲の意見との安易な妥協を許さなかっただけである。もし彼らが周囲と見解を共にし、その結果、摩擦や争いも起こさない生き方を選んでいたら、歴史に変化も生じず、彼らの偉大な思想も後世に伝わらなかったであろう。

もちろん、好んで分裂や対立を肯定すべきではない。しかし人生というものは、こうした意見の錯綜や葛藤によってドラマに仕上がっていく。しかし、単に見解の相違があるだけでは意味をなさない。他者と見解が異なるゆえに、どこまで自分の信念を反省し、自己を磨き続けるかが問われるのである。真実に照らして自分が逃げていないかが問われる。これは苦痛を伴う作業である。周囲の意見に「ノー」を唱えるには摩擦の痛みが伴い、自己の考えに批判を加えるのはプライドが痛む。その両方の痛みに耐えて、初めて主張が本物になる。

ヨブ記の主人公ヨブの場合もそうであった。彼は全財産を失い、知人からは嘲笑《せせら》われ、家の子郎党からさえ素知らぬふりをされる。親しい友人さえも、「君が正しければ、こんな事態にならなかったはずだ。まず神に許しを乞え」と彼を非難する。誰も彼の立場を擁護してくれない状況の中で、彼は己れの潔白を信じた。

そのとき、ヨブは叫んだ。


「どうか私の言葉が書き留められるように。

どうか、わたしの言葉が書物に記されるように。

鉄の筆と鉛とをもって、永く岩に刻みつけられるように。

私は知っている。私をあがなう者は生きておられる。

後の日に彼はかならず地の上に立たれる。

私の皮の後ろにこれを刻み、私は肉体を離れて神を見るであろう」

［ヨブ記19章］

ヨブは、同時代の仲間が彼の潔白を信じないならば、判断を未来の世代に委ねようと叫んだ。自分の身に起きた事件を岩に刻みつければ、きっと千年後にでも、それを読んでヨブは無実であったと立証してくれる者が現われるかもしれない。いや、それどころか、自分の身にその真実を刻み込むとヨブは言う。刺青《いれずみ》を入れるように、痛みに耐えて、まずこの真実を自分の生身に刻み込もうとする。真実の原点はどこまでも自分自身にある。そういう真実に徹し、真実を死守するヨブが、最後には神から祝福され、運命を回復するのだ。

ヨブと三人の友人

ヨブ記には、ヨブの友人として、エリパズ、ビルダテ、ゾパルという三人が登場する。彼らは、ヨブのようにひどい人生の試練に出合ったことがない。つまり、普通の常識人間である。そのために、微妙な点でヨブの考えや主張が理解できない。

常識人が提案する助言とはどういうものか。その一例として、エリパズの言葉を紹介しよう。

「人には神を益することができるであろうか。賢人もただ自身を益するのみである。
あなたの正しいことが全能者に喜びであろうか。あなたが自分の道を全うするとして彼に何の得か。
あなたは神と共にいて平安を得るがよい。そうすれば幸福があなたに来るであろう」

［ヨブ記22章］

エリパズが言うように、たしかに全宇宙の創造者である神の目からみれば、ヨブがいかに正しい人であっても地球上の無数の人間の中の一人に過ぎない。だから、あなたの存在が神にとって何のプラスになるだろうか。仮にあなたが知恵や教養を得ても、それは他人よりもほんのわずかばかり役立つだけのことであろう。ヨブ一人の善行で世界が救済されるわけでもない。人間一人の正義や行動でしょせん世界が変わるわけでもない。そうだとすれば、ヨブのように無気になって自己の正義を主張しなくてもいいではないか。それよりも、早く自分の至らなさを認めて、神と和解した方がいい。そうすれば悩みもなくなって、ヨブは平和で幸福になれる。エリパズはこのようにヨブをさとした。彼の助言はもっともであった。

常識的議論の欠陥

しかし、ここで簡単にもっともだと同意してはいけない。「あなたの正しいことが全能者にとって喜びであろうか」というエリパズ流の常識論には、別の危険性が潜んでいる。彼の言葉を裏返せば、人が少々悪を行ったとしても神の怒りにはつながらない。したがって、神が介入することもないという理屈が可能になる。こういう理屈が罷《まか》り通ると、社会は無秩序を招きかねない。

エリパズの考え方を推し進めると、たとえ人間の側に少々の善があろうと、悪があろうと、神は人間に介入しない。だから、神と和らぐ必要もないという理屈が可能になる。神が人間に対して無関心ならば、人間の方も神に対して無関心であって差し支えないということになる。

それでいて、エリパズはヨブに神と和解せよと勧める。エリパズの勧告はいかにも道徳的に聞こえる。しかし、エリパズの助言にはいくつか矛盾を含んでいる。第一に、ヨブの正しさを喜ばない神に対して、なぜ和解をしなければならないのか。エリパズの助言にはその理由が示されてない。第二に、もし自分の心の平安を回復したいという理由であえて神に和を求めるとすれば、それは神に対するおもねりであり、卑屈で不正な取引行為になる。

物事の白黒を明らかにしないまま、早々に自己に非ありと認め事態の早期妥結に持ち込もうとするのは、米国の裁判でよく使う司法取引である。もしくは、日本の民事訴訟で裁判官が乱発する司法判断回避の和解である。

ヨブ記は四十二章にわたる長篇の対話詩である。果てしない議論の平行線の原因は、順境にいる友人エリパズたちにある。彼らは早く事を丸く収めようとするだけで、問題の本質が何かということに気づいていない。そのため、議論が堂々巡りする。議論に入る前に、議論をする双方の論点と立場をはっきりさせておけば、堂々巡りになる事態は防げる。

順調な日々の意味

社会学者マックス・ウェーバーの『プロテスタント倫理と資本主義精神』によれば、キリスト教のプロテスタント諸派の中でも、カルビン派にはヨブ記の愛読者が多いそうである。その理由は、「苦痛の後で、神が報償としてヨブに地上の富を倍加して与えた」ことが、カルビン派の共感を呼ぶからだという。

宗教改革者ルターは、修道院生活を現世の義務から逃れようとする利己的な行為だと考えた。他方、世俗の職業労働こそ神から与えられた天職（ベルーフ＝Beruf）であり、これを全うすることが神の命令に従うことだと教えた。カルビンは、さらにこの考え方を一歩進めて、自分が救われているという信仰の確信は、職業に専念することによって確かめられると考えた。カルビン派の人びとは、物欲を動機とせず、神への忠信を動機とする勤勉に発する限り、職業に専念した成果としての財産の多寡が、イコール、神からの祝福の尺度となったという。

労働の成果である富を信仰の証しであると考えるようになったというウェーバーのプロテスタント倫理説は、一つの卓見である。しかしながら、もし富がその人の信仰の尺度であるというのであれば、金持ちはすべて信心深い人であるという命題を容認せざるを得ない。

そこで新たな疑問がわいてくる。富と信仰とには関係があるのだろうか。なるほどヨブは財産を神から与えられていた。他方、神や信仰がない悪人も富み栄える。これはヨブも認めているし、聖書の他の箇所も認めている社会的現実である。実際、莫大な財産を所有していた時に、ヨブは財産を信仰の結果、神への近さの根拠と思っていた。彼は言う。

「わたしの盛んな時のようであったらよいのだが。あの時には神の親しみが私の天幕の上にあった」

［ヨブ記29章］

事業が順調に進んでいた時は、神の臨在を自分の上に感じたが、今はそれを感得さえできないという内面的自信喪失。一切を失ってみて、初めてヨブは順境の日々を追慕し、逆境が身に降りかかった理由を神に問い始めた。では、彼は順境の時にその幸運の理由を神に問いかけただろうか。残念ながら、そのような形跡は微塵もない。順境の時に彼が行ったのは、息子たちが神に不敬なことをしていないかと、毎週、生贄を神に捧げていたことくらいである。それはいわば信仰的保険であって、息子たちを甘やかす原因ともなった。

ひるがえって考えてみると、このヨブの姿は私たち自身の姿である。私たちは順境を感謝することはしても、順境の理由を客観的に考え、順境の意味を深く見直すことをしているだろうか。不幸にのたうち苦悶するヨブを眺め、試練や苦労の意味を考えるよりも、今なぜ順調に物事が運んでいるかを考えることの方が、はるかに意義深いのではなかろうか。

ヨブが投げかける課題

「わたしは、神よ、あなたのことを耳で聞いていましたが、
今、わたしの目であなたを拝見いたしました。
それゆえ、わたしは自らを嫌悪し、塵と灰のうえで悔います」

［ヨブ記42章］

ヨブ記の結末は、神が嵐の中に出現し、大風がごうごうと吹く中で神がヨブにだけ語りかける情景で始まる。その声はおそらくヨブだけにしか聞こえなかったであろう。神は諄々《じゅんじゅん》と天地創造と宇宙の神秘について語った。

「神と対等に話し合える資格のある者は、宇宙の創造を支える知恵がある者だけだ。しかし、神と対等に話さなくても、神はカラスの子の訴えに耳を傾けて食物を与え、他の動物たちの営みにまで心を配っている。だから、ヨブの境遇にだって配慮していないわけではない。不幸と見える事柄にも神の配慮は及んでいる。それを感知しないで喚《わめ》くとは。ヨブよ、君こそ問題なのだ」

神のこの語りかけに接してヨブは、「私は、あなたのことを耳で聞いていましたが、今この目であなたを見ました」と告白した。

知識として知っている信仰と、現実に神に出会う体験とは違う。西行法師《さいぎょうほうし》は伊勢神宮を参拝したとき、「なにごとのおはしますか知らねども　もったいなさに涙こぼるる」と歌った。もちろん彼は、伊勢神宮の祭神が天照大神《あまてらすおおみかみ》であることは知っている。だが、知識としての伊勢神宮と、現実にその場に立ってみて自分を包む感動とは違う。どういうわけか分からないが、もったいなくて涙がこぼれる。彼はその感動を、そのまま素直に和歌で表現した。そこに西行の謙遜がある。ヨブ記が紹介しようとしている宗教的体験は、そういう世界なのである。

逆に、ヨブ記が警鐘を鳴らす宗教とは、神との出会いの経験を伴っていない観念的信仰である。それこそ人を傲慢にしても謙虚にはしない。もしウェーバーの言うように、プロテスタントが自分の職業への専念度や成果によって信仰の自己確信を深めるようになったとすれば、これこそが現代人の傲慢さを生み出す背景になったのではないだろうか。

ヨブはさらに言葉を継ぐ。「私は自己嫌悪し、塵と灰の上で懺悔します」と。ついにヨブは、自分が無に等しい存在であると告白した。ユダヤ人の祖先アブラハムも神の前で「私は塵と灰に過ぎません」と告白したことがある。「塵と灰の上で懺悔する」とは、「自分が塵や灰に等しいことを認めて懺悔申し上げます」の意味である。己れが塵や灰に等しいと悟った者を、もはやどんな試練も害することはできない。

ひとは誰でも幸福を願う。しかし、苦しみや不幸を知らない生活が本当の意味での幸福であろうか。人生の悲哀を知らないために、安易に自分よりも大きいもの、たとえば会社、上司、景気などに甘え、そのため真に自ら考え、自ら足元を見つめ直すことをしないまま過ぎてきているのではないか。

ヨブ記は、不幸のどん底に落ちた時に読む物語であるというよりも、すべてが順調な時にこそ自分を反省するためのヒントを提示しているといえる。

〔補足=ライ病(ハンセン氏病)について〕

聖書には、このヨブ記をはじめ各所にライ病の記事がある。とりわけ『レビ記』には、ライ病に対する取り扱い方が詳細に記されている。そこに記されている内容は、ライ病の感染を人びとに広めないための予防と、ライ病の疑いが晴れた人、ならびに治癒した人への社会復帰を認める手続きである。イスラエルで出版されている百科事典『エンサイクロペディア・ジュダイカ』は、次のように解説している。

「ヘブライ語でライ病に相当するツァラアットは、ギリシャ語の λεπρα（レプラ）と同様に、本物のライ病、つまりハンセン氏病に限定される用語ではなかった。それは、非伝染性のさまざまの皮膚障害を含む病名であった。つまり、（モーセの姉）ミリアムのレプラは一過性であった（民数記12章10―15節）し、（シリアの将軍）ナアマンの病気は自由に社会に出入りできるものであった（列王紀下巻5章）。実際に同胞から隔離されていた真のライ病人はサマリアの町の外で生活を余儀なくさせられていた四人のライ病人（列王記下巻7章3―10節）と、別棟で恒久的に隔離されていたウジヤ王（歴代誌下巻26章19―21節）とであろう」

今日ではライ病に対する治療方法が確立していて、社会的に隔離すべき病気ではない。

しかし十九世紀までは、これといってライ病治療に格別有効な方法はなかった。そのために世界中どこでも、ライ病に似た症状のある者が出れば、たいてい隔離していた。筆者の郷里・熊本には、加藤清正が建立した「本妙寺」という日蓮宗のお寺がある。伝説によると、彼はライ病を病んでいたが、法華経に帰依したおかげで病気が治ったという。その功徳にあやかりたいということもあって、筆者が小学生の頃までは、この寺の参道には、ライ病の人が道端にうずくまって物乞いをしていた。とても気の毒な光景であった。

昨今、少しでもライ病の悪いイメージを和らげようという配慮から、ライ病をハンセン氏病と呼ぶようになった。これは、ノルウェーの医師アルムエール・ハンセンが一八七一年にライ病菌を発見したことにちなんでいる。

かつては結核もライ病と同じように忌み嫌われた。抗生物質が発明される以前は結核も不治の病であった。わたしの母は終戦時の引き揚げの苦労がたたって、戦後、結核になった。昭和二十六年、三十九歳の若さで逝去した。父は最愛の者を死の手にゆだねた償いであろうか、母の死後、国立癩《らい》病院恵風園への伝道を始めた。父は毎週ライ病患者の人びとと礼拝集会をし、彼らと同じ食卓で、同じ食器で食事をしていた。父の弟子たちも、毎週、恵風園へ出かけていた。恵風園の人びとはそのお礼に、自分たちが食べ残した御飯を天日で干し、甘辛く味付けした干し飯を下さった。その干し飯が、わたしのおやつであった。父のもとには、恵風園の信徒の方々も大勢訪ねて来ていた。阿蘇での特別伝道集会といえば、恵風園の人びとと同じ部屋で聴講し、一緒に温泉に入っていた。わたしもご一緒していた。

ライ病を意味するヘブライ語の「ツァラアット」は、大地に捨てられたもの、打ち倒されたものという意味である。治癒しない場合、ライ病は、まさしく義人ヨブのように大地を転げ回るしかない苦痛であった。

人類の歴史上で久しくハンセン氏病患者の多くがライ病と呼ばれてきた。そして、その隔離が長かったがゆえに、患者への偏見が歴史的社会的に増大してきた。私見であるが、ライ病と言おうと、レプラ、ツァラアットと言おうと、言葉を摺《す》り替えても偏見が是正されるわけではない。真正面から偏見を排し、真正面からそれらの病気の人びとと痛みを分け合い、誰もが偏見なく社会的交流をしていくことこそ解決ではないだろうか。用語を言い換えれば、それで差別がなくなるかのように考えることの方が恐ろしい。事実を認め、なおかつ差別なく交わることが大切だと私は考える。

アブラハムの出発◎あとがきにかえて

人の一生は、過ぎ去ってみるまで誰にも分からない。それでいて、めいめいが自分の人生を築こうとしている。ビジネス世界での活躍であれ、技術開発や学術研究、芸術創作の活動であれ、大地との対話の農業の勤労であれ、明日の自分がどうなるかは誰にも分からない。

そこに人生の一瞬、一瞬がある。

アブラハムといえば、ユダヤ人の直系の先祖である。だが、この男もまた、自分がどのような人生をたどるか知らなかった。伝説によると、アブラハムの父テラは、トルコの東、シリア北部と国境を接するハランという町で、土産物屋《みやげ》を営んでいた。ハランは今でこそさびれた廃虚だが、昔はシルクロードの西の端として、キャラバンが行き交う一大商業センターであった。

アブラハムの父テラは、キャラバンを相手に豊穣の神バアルと、生殖の女神イシュタールの神像を売っていた。これが、売れに売れた。家族全員で店を手伝っても、まだ人手が足りないほど店は繁昌した。バアルとイシュタールの神像を売るというのは、今でいえばお守り札とポルノ・ショップとの抱き合わせみたいな店である。これは、いつの時代にも儲かる商売だ。

だが、商売がうまくいけばいくほど、テラの長男アブラハムは父親に対して批判的になっていった。問題は宗教であった。テラの家系では先祖代々、絶対者エホバ神を信奉していた。エホバ神は、一切の偶像を認めない、厳格なまでにも徹底した一神教である。それなのに父は、バアルやイシュタールという神々の偶像のミニチュアを商売としていた。

これは家の宗教と矛盾するのではないか。こうアブラハムは考えた。父テラの考えでは、偶像は偶像、あくまでも商売のためにモノとして扱っており、自分の宗教とは無関係だと割り切っていた。しかしアブラハムは、偶像の販売は一神教の神エホバに背く行為であると考えた。この父と子の対立は、つまり現実主義と理想主義との対立であった。そして、理想主義の子は父の生き方を否定して、ついに実家から飛び出すことになった。その直接のきっかけは、アブラハムの心の中に響いた良心の声、いや、神エホバからの直々の命令であった。

לוס: כרת אלהים. ולא

「なんじは国を出て、親族に別れ、父の家を離れ、わが示す地に行くべし。われは、なんじを大いなる民とし、なんじを祝福し、なんじの名を偉大ならしむべし。なんじは祝福の基となるであろう」

［創世記12章］

神の言葉は、文字で読む限りではいとも麗しく、甘い祝福に満ちている。だが、父親に楯突いて実家を捨てる青年にとっては、現実には不安そのものであった。家にとどまれば生活の心配もなく、のんびりとマイホーム主義を楽しめるのに、何ゆえ安楽を捨てることになったのか。青年アブラハムとしては、良心がそう命じるからだとしか答えようがなかったであろう。

原文のヘブライ語で、右の神託を読むと、いっそう味わい深い。

「君自身に向かって歩め。地を離れ、生まれを離れ、父の家を離れ、わが示す地へと歩め。……そうすれば、君は祝福そのものになるであろう」

理想とはしょせん、自分自身を実現することに他ならないのだ。

理想は、大地の低きにはない。地上を徘徊しても、現状が変わることはない。あるいは、自分の生まれだとか、生い立ちといった過去の延長線上に立つ限り、新しい人生の視点は得られるものではない。そしてまた、君自身を知り尽くしている両親の支配下にいる限り、いつまでも君は子供のままだ。

理想を実現しようと思うなら、人間の常識を超えて、神の霊感とでもいうべき超次元の閃きを大切にすることだ。いずれにせよ、それは君自身に向かって、君自身の力で歩き出すことが条件だ。そして、もし君の理想が実現すれば、そのとき、君は一切の祝福をかち取ることになる。いやそれどころか、多くの人が君の祝福にあやかろうとして、君のもとに押しかけてくるであろう。

親や故郷の友人を振りはらう点で、青年の行動は、伝統への反逆、平穏な現状への反乱であった。青年自身も、その出発に際しては大いに悩み苦しんだ。しかし、青年が自分自身を見つめれば見つめるほど、その内なる声は次第に強く、大きくなった。

そして悩んだ末、アブラハムは、エホバが言ったように出発した。彼の理想主義に共鳴したのは、わずかにその妻サラと、甥のロトだけであった。若さが、新しい天地、新しい村を求める原動力になった。

ハランの遺跡に立つと分かることだが、北は山、南は砂漠、道は東と西に通じている。アブラハムは、父のテラと一緒に、東方のウルからハランにやって来た。山や砂漠の中に人生の設計を見つけることは難しい。そこで、当然のことながらアブラハムは西に道を選んだ。それはカナンに至る道であった。アブラハムの選択が正しかったかどうか。少なくとも彼自身の人生では、その結果を評価することは難しかった。

だが、その後五百年たつと、アブラハムの子孫は国をつくり、ダビデ、ソロモンという名君の指導下に一大帝国を築いた。千五百年後には、キリスト教の教祖イエスが現われた。そして、最近二千年間には、世界の歴史に残るたくさんの天才が彼の子孫から生まれている。

たしかに、神の約束のように、アブラハムは偉大な足跡を残したのだ。

自分自身に向かって歩む。ひとりの人間がこのことに徹した結果、実に大きな影響を巻き起こしたのである。自己を貫くと、周囲との摩擦も多い。そのたびにアブラハムは、また悩み、また右往左往する。しかし、傷つきながらも、自己の真実を貫き通した。これがアブラハムという人物であった。

一九六五年の夏、二十三歳の筆者は、イスタンブールから三日三晩バスを乗り継ぎ、一日、アブラハムの故地を見ようとハランまで行った。最後は、バスもなく、ジープに乗せてもらってハランの古代遺跡の丘に立った。平原のはるか彼方、北は山、南は砂漠、東の道はイラクへ、西の道はシリアへと通じていた。広大な平原の丘にぽつんと立ってみて、人間の孤独さと小ささを感じた。ああ、あの西の道の彼方にシリアがあるのか。そのまたはるか彼方にカナン、イスラエルがあるのか。それは行く手の見えない無限の広がりであった。

あの日以来、アブラハムに響いたあの声が私に響き、私も自分自身に向かって歩もうと決心し、今日まで日々を重ねてきた。これからも、あの感動に励まされて前進するつもりである。

二〇〇五年四月（ユダヤ暦五七六五年ラグ・バオメル、麦秋の季節に）

著　者

〈謝　辞〉

本書は一九九六年から大阪・北新地のクラブ山名で毎月開催されていた「北新地の経営と文化の会」における講演を再現したものです。多年にわたって励ましてくださったクラブ山名のオーナー、山名和枝様、そして中心的メンバーとして支えてくださった永尾俊治、中島恵美子、村山清美の各氏には特に御礼を申し上げたい。

また、本書の出版をすすめてくださった太陽出版の籠宮良治社長に感謝を申し上げたい。

〈注〉本書の中で引用した旧約聖書は、おおむね日本聖書協会発行の「一九五五年改訳」のテキストを使用している。ただし、必要に応じて、筆者の判断でテキストを要約したり、また筆者がヘブライ語原典から直接訳出したりしている。ヘブライ語聖書は、次の三種類を利用した。

◎『ミクラオット・ゲドロット　一八五五年ワルシャワ版』（一九六四年復刻、エルサレム）
◎『トーラー、ネビイーム、ケトビーム』（一九六二年、エルサレム）
◎『ビブリア・ヘブライカ』（一九六一年、シュトットガルト）

ユダヤ人のビジネス教本

著者紹介

手島　佑郎（てしま　ゆうろう）

1942年韓国・釜山生まれ、熊本市出身。63年イスラエル・ヘブライ大学に留学、哲学、旧約聖書を専攻、67年日本人として初めて同大学を卒業。70〜77年、ニューヨークのThe Jewish Theological Seminary of America大学院でユダヤ哲学を研究し、77年ヘブライ文学博士号を取得。74〜76年、ロサンゼルスのユダヤ大学でユダヤ哲学を教える。著書に、日本のユダヤ研究の代表的入門書『ユダヤ人はなぜ優秀か』、『Zen Buddhism and Hasidism』(95年、米）ほか多数。85年、ギルボア研究所を設立し、毎月、東京虎ノ門で旧約聖書を題材にユダヤ思想研究の「トーラー研究会」を、大阪と東京で経済人のための「道塾」を主宰。FAX誌『経営者のためのニュースレター』を隔週配信。海外のユダヤ人学者やビジネスマンと、深い交流をもつ。

2005年7月1日　第1刷

［著者］
手島佑郎

［発行者］
籠宮良治

［発行所］
太陽出版

東京都文京区本郷4-1-14　〒113-0033

TEL 03(3814)0471　FAX 03(3814)2366

info@taiyoshuppan.net

装幀=中村浩（ガレージ）

［印字］ガレージ ［印刷］壮光舎印刷 ［製本］井上製本

ISBN4-88469-423-6